最強牝馬コレクション

ターフの女王

武豊

朝日新聞社

ターフの女王◎目次

装丁　柴田淳デザイン室
カバー・本文写真　サンケイスポーツ週刊ギャロップ
構成・コラム写真　高橋直子

ターフの女王——最強牝馬コレクション

はじめに

歴史に残る名牝の話をする前に、僕にとって忘れることのできない3頭の牝馬のことをお話ししたいと思います。

スイートラブ、クリメイト、シヨノリーガル。

それが彼女たちの名前です。僕がデビューして間もないころに乗せてもらった馬たちです。

スイートラブは短距離の追い込み馬でした。そのころ、短距離で勝つには先行しなければだめだ、というイメージしか僕にはなかったのですが、この馬に乗るようになってから、あ、短距離でも全然あわてなくていいんだ、ということを知ったのでした。すごい切れ味を持った馬だったので、じっくり行っても間に合う。短距離の追い込み馬はそれまで乗ったことがなかったから、初めての経験をさせてもらったわけです。

何度も負けたのですが、負けても乗せてもらえたので、次、それでなんとか勝つにはどうすればいいかを考えて、乗り続けました。

クリメイトは栗東・橋口弘次郎厩舎で、橋口先生がずっと乗せてくださった馬でした。ダートの１８００メートルを専門で使っていて、すごくむずかしい馬でした。先頭に立ったらソラを使うとか、追い込んでも届かないとか。鼻差負けとかが非常に多かったのです。それにダートの１８００っていつも多頭数なので、それをさばいてどうやったら勝てるかなと、いろいろ試していろんなことをやってみました。最後2連勝ぐらいして、ああ、なんかよかったなあと思った馬です。

シヨノリーガルは最初、河内洋騎手（現調教師）が乗っていた栗東・庄野穂積厩舎の馬で、中京競馬場の重賞レースの金鯱賞に出るときに河内さんが他の馬に乗るからといって僕を乗せてくれたのが最初でした。負担重量が50キロか51キロで、このときは2着です。それで、次は当然河内さんに戻るものだと思っていたら、秋もまた乗せてもらえることになって、そのときもまた鼻差負けしました。セントウルステークスだったと思います。河内さんに負けました。結果的には僕のあせりで早仕掛けしたせいで負けたんです。それでなんとかこの馬で勝ちたいなと思っていたら、最後、有馬記念と同じ日に阪神競馬場で行われた阪神牝馬特別でまた乗ることになって、やっと勝ちました。今でも覚えています。田島良保騎手（現調教師）に鼻差で勝ったのです。

すごくうれしかった。

この3頭はずっと乗せてもらっていたので、今日は何がだめだったんだろうとか、次に乗るときはどうしようとか、いろいろ考えられて、ほんとうに勉強になりました。新人のころって次もまた乗りたいと思っていても、先輩の南井克巳さん（現調教師）とか河内さんとかに代わられてしまうということがよくあったので、負けてもずっと乗せてもらえていたことがほんとうによかったと思います。

経験から言って、新人のころに1頭の馬にずっと乗せてもらえるというのはすごく勉強になると思いますね。全然走らない馬じゃ駄目だけれど、勝負になる馬にずっと乗せてもらっていたから、この3頭のことはいまだにとてもよく覚えています。

僕にとってこの3頭は基礎牝馬というべき存在でしょうか。

数々の名牝に巡り合うことができたのも、最初にこの3頭の牝馬に巡り合えたからだという気がしてなりません。僕と牝馬たちの物語はこのようにして始まったのです。

第一章
シャダイカグラ
武豊神話を作った馬

シャダイカグラの血統

牝　栗毛　1986年3月23日生　門別産　馬主＝米田茂　調教師＝栗東・伊藤雄二　生産者＝野島牧場

<table>
<tr><td rowspan="4">*リアルシャダイ
REAL SHADAI
黒鹿毛　1979（米）</td><td rowspan="2">ROBERTO
鹿毛　1969</td><td>HAIL TO REASON</td></tr>
<tr><td>BRAMALEA</td></tr>
<tr><td rowspan="2">DESERT VIXEN
黒鹿毛　1970</td><td>IN REALITY</td></tr>
<tr><td>DESERT TRIAL</td></tr>
<tr><td rowspan="4">ミリーバード
栗毛　1976</td><td rowspan="2">*ファバージ
FABERGE
鹿毛　1961（仏）</td><td>PRINCELY GIFT</td></tr>
<tr><td>SPRING OFFENSIVE</td></tr>
<tr><td rowspan="2">*ラバテラ
LAVATERA
栃栗毛　1970（英）</td><td>LEHAAR</td></tr>
<tr><td>BEGONIA</td></tr>
</table>

＊印は外国産馬で日本に輸入された馬

シャダイカグラの全成績

開催日	場所	レース名	距離回り	重量	騎手	頭数	馬番	人気	着順	タイム	着差	ペース	上り	向	三	四	走り方	体重	着時計	1(2)着馬名
1988.6.19	札幌	牝・新馬ダ	1000右重	53	柴田政	7	4	4	2	1.00.1	7	H	35.9		4	2	中伸る	470	0.58.9	マツスイフト
7.3	札幌	新馬ダ	1000右良	53	柴田政	5	4	1	①	1.02.1	½	M	37.9		3	1	4角先	450	1.02.2	スーパーワン
10.22	京都	りんどう400牝	1400右良	53	武豊	10	3	3	①	1.24.8	¾	M	36.6	2	1	2	二位抜	452	1.24.9	ミスジュニヤス
11.26	京都	京都3歳SOP	1600右良	54	武豊	10	5	1	①	1.37.8	4	S	35.7	1	1	1	楽逃切	454	1.38.5	ラッキーゲラン
12.11	阪神	3歳牝馬S	1600右良	53	武豊	11	6	1	2	1.36.1	頭	M	35.7	2	2	2	先行粘	456	1.36.1	タニノターゲット
1989.2.5	京都	エルフィOP牝	1600右良	55	武豊	9	1	1	①	1.36.2	5	M	36.7	2	2	2	二位抜	456	1.37.0	ライトカラー
3.5	阪神	ペガサスS	1600右重	54	武豊	14	9	1	①	1.37.5	1½	H	37.8	3	5	4	直抜出	454	1.37.7	ナルシスノワール
4.9	阪神	桜花賞	1600右稍	55	武豊	18	18	1	①	1.37.5	頭	H	37.8	16	10	6	G強襲	446	1.37.5	ホクトビーナス
5.21	東京	オークス	2400左稍	55	武豊	24	7	1	2	2.29.0	首	M	37.5	7	4	4	好伸も	444	2.29.0	ライトカラー
10.22	京都	ローズS混牝	2000右良	55	武豊	10	10	1	①	2.01.5	1½	S	35.7	2	2	1	二位抜	454	2.01.7	シンエイロータス
11.12	京都	エリザベス混牝	2400右良	55	武豊	20	20	1	20	2.36.4	大差	M	45.0	3	2	4	好位退	454	2.28.8	サンドピアリス

シャダイカグラは、僕に初めて牝馬のクラシックタイトルをとらせてくれた馬です。全身きれいな栗毛（くりげ）で、額に小さな星がひとつあり、品のあるなかなかの美人でした。僕が初めてシャダイカグラに乗ったのは１９８８年の秋です。この馬は2歳の6月にデビューし、最初が2着、2戦目で勝ち上がっています。僕はデビュー戦には乗っていません。新馬戦は柴田政人騎手（現調教師）が乗っていて、僕はそれを見ていて、なかなかいい馬だなあと思っていました。

夏の新馬戦で勝ち上がる馬たちのことはいつも気にしているのです。だからシャダイカグラも知っていました。いい馬というのは自然と目に入ってくるものなんです。ただ自分にその馬がまわってくることになるとは思ってはいませんでした。

たとえば最近では、見ていていい馬だなと思ったとき、たまたまその馬に外国人ジョッキーが乗っていたりして、次のレースに乗れないことがはっきりしている場合などは、自分から調教師のところに行って「乗せてくれませんか」と言うこともあるのですが、当時、僕はまだデビュー2年目の新人ジョッキーだったから、とてもそんなことを言える立場ではありませんでした。なんせ19歳ですから。だからいい馬がまわってくるたびに、僕はなんて運が強いんだろうと思ったものでした。

ちょっとおもしろい牝馬がおるから乗るか。

たしか伊藤雄二調教師にはそんなふうに言われたと記憶しています。シャダイカグラは新馬戦を勝った後ソエで休養していたんです。僕はちょうどそのころ名門伊藤雄二厩舎（栗東）の馬に乗せてもらえるようになり始めたばかりでした。だからもちろん乗りますと返事をしました。うれしかったです。でもものすごく走るとは思っていなかった。

いやあ、乗ってみてびっくりしましたね。

思った以上に走る馬だったからです。僕とシャダイカグラが初めてコンビを組んだりんどう賞は、最後まで競り合いが続いたのですが、彼女はあきらめずにがんばり続けてきっちり勝ちました。

その次の京都3歳ステークス（現京都2歳ステークス）は牡馬（ぼば）にまじってのレースでしたが、2着の馬に4馬身差をつける楽勝でしたし、3歳になってからもペガサスステークス（3月）で牡馬を蹴散らしていますし。

文句のつけようがなかったです。

すごく乗りやすくて、性格がまじめなコだった。

だから桜花賞はふつうに走れれば勝てると思っていました。

シャダイカグラの桜花賞についてはよく質問されます。出遅れたからです。「武豊はわざと出遅れたんだ」という神話を作りたがっている人もいるみたいですね。だからこの本ではほんとうのことを書きましょう。

そもそもこの話は、シャダイカグラが抽選で大外枠をひいたことから始まります。単枠指定を受けるほどの人気馬が18番枠に入ったことで大騒ぎになったのです。

当時の阪神競馬場は、改装前で今の阪神とはコース形態が違っていました。桜花賞は1600メートル戦ですが、その場合外枠はかなり不利だったのです。同じようにスタートしても好位置につけようとするだけで脚を使わなくてはならないのです。だから、桜花賞についても勝ち馬は「5枠より内から出る」というような通説があったくらいです。

それなのにこともあろうにいちばん不利な18頭だての18番枠ですからね。マスコミの取材はすごかった。大外枠をどう思うか、何か作戦はあるのか、とかずいぶん聞かれました。正直言って僕自身「ああ、これで負けたときの言い訳ができるなあ」なんて思ったものです。やっぱりそのくらい不利なのです、大外枠は。

でも大騒ぎをよそに、僕自身はそれほど深刻には考えていなかったのです。考えてもしかたないですし、メンバーの中ではシャダイカグラの力は一枚上だと思ってましたしね。

シャダイカグラはスタートが速い馬です。だからスーッと先行しようと思っていました。逃げ馬もいたしハイペースになりそうでしたから。当日は稍重で馬場も悪かったし、外にふられるのも嫌だし、少々脚は余計に使う、つまり余分に走らなくてはならないけれど、そのまま行こうと思っていました。先行しないと勝つのは無理かなと考えたからです。

ところが当日、どういうわけか馬がずいぶんいれ込んでいて、いらいらしていたんです。本馬場に入ってゲートの後ろまで行った時点でもいれ込んだままで、やばいな、出遅れるかもしれないなと思いました。予感はありましたね、出遅れの。

もし出遅れたら最後方から行こうと思っていました。それで内に入れようと。枠入りは最後で、入ってすぐにゲートがあいた。

そしたらほんとうに出遅れてしまった。あーやっぱり出遅れたって感じでしたねえ。

あのときは、スタンドからドカーンとみんなの騒ぐ声が聞こえてきましたよ。もう1頭ファンドリポポも出遅れたんですが、シャダイカグラは大本命だったので、それでみんなが騒いでいるんだなと思いました。出遅れて結局しかたなく最後方から行くことになったのです。

ビデオでリプレイを見てもらえればわかるのですが、レース半ばではもう2着のホクトビーナスの直後あたりに追いついています。最後方から内を通って前へ前へとおしあげていったのですが、なんだか行くところ行くところうまく開くんですよ、不思議なことに。けっこうするすると行けてしまったので、みんなが思っているほど大変ではなかったし、不利もなかったです。

レースはサザンビーナスが引っ張っていました。4コーナー手前で各馬がスパート開始。タニノターゲットとかホクトビーナスが脚色よく先頭に出ていこうとしていました。僕はエイシンウイザードと一緒に5番手くらいで直線に向くと、外から前を行く馬を追う形になりました。最内がタニノターゲットでホクトビーナスが真ん中から抜け出して、それについていこうとしたのですが、先行していた馬に比べると、やはり出遅れた分、余分に脚を使っているからちょっと手応えが悪くなっていて、けっこ

第49回　桜花賞　(ＧⅠ)㊍　　（３歳オープン　定量・芝1600㍍　稍）

1	❽⑱シャダイカグラ	55	武　豊	1.37.5		446	－8	①	栗東	伊藤雄
2	❷④ホクトビーナス	55	柴田善	1.37.5	頭	466	－6	⑥	美浦	中野隆
3	❻⑬タニノターゲット	55	小島貞	1.38.2	4	444	4	④	栗東	戸　山
4	❺⑪ヤマフリアル	55	村　本	1.38.3	½	444	0	⑨	栗東	小林稔
5	❹⑦エイシンウイザード	55	南　井	1.38.5	¾	490	0	⑩	栗東	太　宰
6	❸⑤アイドルマリー	55	田　原	1.38.7	1¼	406	－10	②	栗東	浜　田
7	❸⑥ファンドリポポ	55	西　浦	1.38.9	1½	454	－4	⑤	栗東	夏　村
8	❹⑧ライトカラー	55	田島良	1.39.1	¾	432	0	⑦	栗東	清　田
9	❼⑯ヤンゲストシチー	55	本　田	1.39.1	頭	404	0	⑧	栗東	清水出
10	❷③コクサイリーベ	55	松　本	1.39.4	2	462	0	③	美浦	新　関
11	❶②エレクトロアート	55	田面木	1.39.5	½	406	－12	⑫	美浦	高　松
12	❻⑭リバルドサキ	55	西橋昇	1.39.9	2½	436	－6	⑯	栗東	梅　田
13	❼⑮サザンビーナス	55	松永幹	1.40.5	3½	424	－6	⑭	栗東	崎　山
14	❺⑨アイテイサクラ	55	須　貝	1.40.5	鼻	414	－4	⑬	栗東	庄　野
15	❼⑰ピレネー	55	清　水	1.40.5	首	460	－2	⑰	美浦	久　恒
16	❻⑫コウユーアサミ	55	田島信	1.41.7	7	414	0	⑱	栗東	領　家
17	❶①カミノテンホー	55	猿　橋	1.41.9	1½	456	－4	⑪	栗東	工　藤
18	❺⑩ワンモアウイズミー	55	山田和	1.42.0	½	480	－12	⑮	栗東	渡　辺

単⑱220円複⑱130円④280円⑬210円　　連❷－❽620円②　　（1989年４月９日、阪神）
決め手＝Ｇ強襲'　前半４ﾊﾛﾝ＝46.5（Ｈ）　上がり＝51.0－38.5
ラップ＝12.5－11.2－11.1－11.7－12.5－13.0－12.6－12.9
二角⑬（①⑮）（②③⑩）（④⑨⑰）（⑤⑦⑭⑯）（⑧⑫）（⓲⑪）－⑥
三角⑮⑬（⑤①⑩）（⑦②③④）（⓲⑨⑯）（⑧⑰）（⑪⑫）（⑭⑥）
四角（⑮⑬）（⑤④）⑦（⑪⓲⑯）（③①⑥）（⑧⑰）（②⑨⑩）⑫⑭

う離されてしまいました。

だめかな。そう思いました。一瞬。届くと思わなかった。必死で追ってはいたのですが無理かなって。だって絶望的な距離でしたからね。

でもシャダイカグラはあきらめませんでした。一完歩一完歩づつホクトビーナスに追いついて、並んで、かわしたところがゴールでした。

勝った。そう思いました。微妙な差でしたけれど、僕にはわかりました。だからウイニングランとしてコースを一周してきたのです。

いやあ、うれしかったですねえ、あの桜花賞は。ほんとうにうれしかった。

もちろんシャダイカグラのためにも勝ててよかったと思うけれども、それと同時に自分にとってもとても大きな意味のあるタイトルでした。

なぜかというと、シャダイカグラが伊藤雄二厩舎の馬だったからです。やっぱり、僕は子供のころから見ていて伊藤雄二調教師というのは大調教師だと思っていましたから、乗ってくれと声がかかるだけですごくうれしかったわけです。けれど、それと同時にプレッシャーはすごく感じていました。へたな乗り方する騎手には厳しい方です。

当時騎手では河内洋さんと田原成貴さんと南井克巳さんという大御所が、関西には3人いました。そこにやっと僕が入り込めたころだったので、信頼されてGIに乗せてもらったんだから、この馬で勝ちたいなという気持ちが強かったのです。だからほんとに大外枠の出遅れを乗り越えて勝てたのは大きかったです。それ以後、伊藤雄二厩舎の主戦ジョッキーになれましたからね。いい関係が築けてその後いっぱい勝ってきています。僕が言うのもおこがましいのですが、伊藤雄二先生っていろいろな面で尊敬できるすばらしい調教師なんです。仕上げはすばらしいし、馬の個性を伸ばしていける調教師ですね。

シャダイカグラで桜花賞を勝ったことは、二十歳の僕にとってもひとつのターニングポイントだったと思います。

ときどき、シャダイカグラの桜花賞の映像をテレビで見たりするのですが、ほんとによく勝ったなあと思います。出遅れてね、あんな遠くから追い込んできて、3年目のジョッキーにしては「よくできた」と自分をほめてあげたいくらい。まだ経験は浅かったし、もちろんGIレースの大本命に乗るのなんて初めてだったし。弱冠二十歳ですからね。まあ経験の浅い分、こわさやプレッシャーも少なかったのかもしれません。

それにしてもこのときのこの写真、僕、若いなあ。伊藤雄二先生も。

それまでにもトウカイローマンとかシヨノリーガルとかシヨノロマンとか、牝馬のオープン馬に乗ったことはあったのですが、シャダイカグラはちょっと初めて出会うタイプの牝馬でした。

言葉で表すのがとてもむずかしいのですけれど、なんて言えばいいのか、なんだかよく走ったなあって感じがあります。ただただよく走ったなあって、ほんとにそう思うのです。走るのが好きみたいでしたね。すごくまじめに一生懸命走るコ。ちょっと一生懸命になりすぎるところがあるくらいでした。

騎手としてはレースに乗っていてほんとに走らせるのがおもしろい馬でした。思い通りにいくからです。ポーンとスタートを切って、2、3番手につけて、で、全然手応えが悪くならないし、なんのくせもなくてね。ゴーサインを出すといつでも行ける。どこでも入っていくしね、右って言ったら右、左って言ったら左。どうにでもなるのですよ。だから乗るのがおもしろかった。

ただまじめすぎて、一生懸命になりすぎるから、そのあたりはこっちが気をつけてあげないといけないところでしたね。なんでもきいてくれるからって馬に無理な注文をしてはいけないでしょ。

これだけの馬だったので、オークスは勝ちたかったです。よく走っていますが2着でしたから悔しかったです。それに当時は競馬ブームに火がつき始めたころで、僕自身もすごく注目されていたからよけいなのです。勝ったのはライトカラーで、乗っていたのが「仕事人」の異名を持つ田島良保さんだったので、負けたとき新聞に「若造が仕事人に負けよった、ざまあみろ」みたいな書かれ方もしたのです。それもあって、ちょっと別の意味でも悔しかったレースです。

結果的には、当日なんとなくあの馬らしくなかったのと、距離が少し長かったのではないかと思っています。それでもとにかくシャダイカグラという馬は1989年の春の時点で実力的には抜けた存在だったのではないでしょうか。

ただ夏を越して、秋に戻ってきたときには春とは少し違っていました。ローズステークスを勝ったときに、あれ、春と違うぞっていう感じがしましたから。もしかしたらもう脚が痛くなり始めていたのかもしれません。

第50回　オークス（ＧⅠ）㊛

（３歳オープン　定量・芝2400㍍　稍）

1	❷④ライトカラー	55	田島良	2.29.0		432	－2	⑩	栗東	清田
2	❸⑦シャダイカグラ	55	武豊	2.29.0	首	444	－2	①	栗東	伊藤雄
3	❹⑧ヤンゲストシチー	55	本田	2.29.2	1¼	402	－2	⑪	栗東	清水出
4	❷⑤ファンドリポポ	55	西浦	2.29.6	2½	454	0	⑦	栗東	夏村
5	❶②メジロモントレー	55	河内	2.29.6	鼻	462	0	②	美浦	奥平
6	❽㉔アイノホワイト	55	的場	2.29.8	1¼	476	－10	⑨	美浦	相川
7	❶③レディゴシップ	55	安田富	2.29.8	首	468	0	⑬	美浦	尾形充
8	❼⑰キオイドリーム	55	横山典	2.30.1	1¾	442	－4	⑯	美浦	石栗
9	❽㉓エバープロスパー	55	岡部	2.30.4	2	434	0	⑧	美浦	伊藤正
10	❼⑳シルビアワン	55	楠	2.30.5	½	418	0	⑮	栗東	橋田
11	❺⑫ナナヨーアトラス	55	加用	2.30.5	頭	448	＋4	④	栗東	吉永猛
12	❼⑲ヤマフリアル	55	村本	2.30.6	首	440	－4	⑤	栗東	小林稔
13	❺⑪プレジャーヒル	55	蛯名正	2.30.6	首	444	＋6	③	美浦	矢野照
14	❼⑱アイドルマリー	55	田原	2.30.8	1¼	416	－4	⑥	栗東	浜田
15	❽㉒エースメロディー	55	田村正	2.30.9	首	426	＋4	⑳	美浦	大久保良
16	❷⑥クリダリア	55	菅原泰	2.31.0	½	410	0	㉒	美浦	飯塚
17	❺⑬エイシンウイザード	55	南井	2.31.1	½	492	＋6	⑫	栗東	太宰
18	❽㉑ジャンボセイコ	55	成島	2.31.1	頭	476	0	⑱	美浦	田子
19	❻⑭シンノーブル	55	須貝	2.31.3	1¼	430	－2	⑲	栗東	須貝
20	❻⑯リバルドサキ	55	西橋昇	2.31.4	¾	444	＋6	㉔	栗東	梅田
21	❻⑮エイシングローリア	55	東	2.31.6	1½	458	＋2	㉓	栗東	坂口正則
22	❶①フローラルドリーム	55	徳吉一	2.34.1	大差	454	＋2	⑭	美浦	山岡
23	❹⑨スガコマチ	55	増沢	2.37.5	大差	436	－4	⑰	美浦	大和田
	❹⑩サザンビーナス	55	松永幹	（落馬）		424	0	㉑	栗東	崎山

単④3480円複④690円⑦130円⑧630円　枠連❷－❸850円④　（1989年５月21日、東京）

決め手＝好鋭伸　前半４ハロン＝47.5（M）　上がり＝50.0－37.9

ラップ＝12.4－10.7－12.0－12.4－12.7－13.5－13.1－12.2－12.1－12.8－12.6－12.5

二角⑰－③－⑧⑨（⑤⑯）（①⑦）（❹⑲）（⑮⑬）（⑥⑭）（⑫⑪⑱）②㉓（㉑㉔）－㉒－⑳

三角（⑰③）⑧（⑤⑨⑦）（❹⑯）（⑲⑱）（①⑥）（⑬⑪）⑮（⑫⑭）（②㉓）（㉑㉔）㉒⑳

四角（⑰③）⑧（⑤⑦）（❹⑱）⑬（⑯⑪）（⑨⑥⑮㉓㉔）（⑲⑭②）（①㉑⑫）㉒－⑳

21　シャダイカグラ／武豊神話を作った馬

現役最後のレースになったエリザベス女王杯はまた大本命だったんですが、レース途中に故障してしまいました。4コーナーでは手応えがなくなってずるずる後退していって、前の馬に追いつくことも無理だとあきらめたのです。それなのにシャダイカグラはハミをとって再び首を低くして戦闘態勢をとるんです。すごい根性でした。結果は大差のしんがりでしたが、ゴールしたんですよ。

怪我は右前脚の繋靭帯（けいじんたい）断裂という重症でした。繁殖にあがることができたのは不幸中の幸いだったと思います。


今改めてシャダイカグラの残した成績を見てみると、最後の故障したエリザベス女王杯を除くと1着と2着ばかりなのに目を見張ります。生涯成績は11戦7勝2着3回。牝馬でこれだけ安定した成績を残した馬は、ほんとうに少ないはずです。精神面がとても安定していた馬だったのだと感心しますね。名牝の証（あかし）でしょう。

もしシャダイカグラが今現役で、これだけの成績を残していたら、絶対に海外遠征の話とかが出るはずです。そのくらいすごい成績ですね。しかし、あのころ海外に行っていたらどれだけやれたのだろう。そんなことを考えてみるのも楽しいものです。

コラム1
あきらめない

レースというのは頭で思い描いた通りに展開するとは限りません。自分の馬だけが走っているわけではないからです。だからレース中は思わぬことが次々と起こったりします。自分は悪くなくても他の馬やジョッキーのせいで、思わぬ不利を受けることだって少なくないのです。

僕だってそういうときカッとなることもないとは言えません。自分がこうしようと思っていることを妨害されれば誰だってムカッとしたり、考えていることが裏目裏目に出続けたりすると落ち込む。でもそれだからこそ、どんどん気持ちを切り替えていくようにしています。

普段の生活もそうなのですが、あんまりガチッと考えを固めないほうですからね。アバウトなんです。こうしようと決めるとか予定をきちんとたてるとか、あんまり好きじゃない。

2001年5月ロンシャン・仏1000ギニーの日

だからレースでも、こう乗るんだって決めるのは好きじゃないです。完璧な逃げ馬とかすごい追い込み馬だとある程度決めて乗りますが、それもある程度で、あとはもう、レース中は何が起こるかわからないし、その都度対処できることのほうが大事なんじゃないでしょうか。

たとえばその瞬間は不利だと思ったことでも、レースが終わってみれば有利だったということもあるわけだし、いつもいつも理想的なレースをのぞむ必要はないんじゃないかな。あんまり道中は関係ないですからね。最後にゴール板で先頭に立てばいいと思っているくらいで、何番手とかは気にしていない。レースの途中では。

ただいつも思っているのは、なんとかして勝ってやろうということです。

たとえば自分の騎乗馬が勝てそうにないレースであっても、やっぱり狙っていきますからね。いろんな可能性を考えてひょっとしてこんな展開になったら、この馬でも勝てるんじゃないかなとか思うと、一発狙ってやろうという気持ちになるものなんです。絶対に勝ちを意識しないで乗ることはありません。だから臨機応変に対処していけることが必要なのです。気持ちをどんどん切り替えて前向きに可能性を探り続ける。不利を乗り越える発想をすることが大切。絶対にあきらめてはいけないんです。乗っている以上は。

第二章 ベガ

牝馬二冠、息子はダービー馬

ベガの血統

牝　鹿毛　1990年3月8日生　早来産　馬主＝吉田和子　調教師＝栗東・松田博資　生産者＝社台ファーム

<table>
<tr><td rowspan="4">*トニービン
TONY BIN
鹿毛　1983
（アイルランド）</td><td rowspan="2">*カンパラ
KAMPALA
黒鹿毛　1976（英）</td><td>KALAMOUN</td></tr>
<tr><td>STATE PENSION</td></tr>
<tr><td rowspan="2">SEVERN BRIDGE
栗毛　1965</td><td>HORNBEAM</td></tr>
<tr><td>PRIDDY FAIR</td></tr>
<tr><td rowspan="4">*アンティック
ヴァリュー
ANTIQUE VALUE
鹿毛　1979（米）</td><td rowspan="2">NORTHERN
DANCER
鹿毛　1961</td><td>NEARCTIC</td></tr>
<tr><td>NATALMA</td></tr>
<tr><td rowspan="2">MOONSCAPE
黒鹿毛　1967</td><td>TOM FOOL</td></tr>
<tr><td>BRAZEN</td></tr>
</table>

ベガの全成績

開催日	場所	レース名	距離回り	重量	騎手	頭数	馬番	人気	着順	タイム	着差	ペース	上り	向	三	四	走り方	体重	着時計	1(2)着馬名
1993.1.9	京都	混・新馬	1800右良	50	橋本美	16	8	4	2	1.49.5	2½	M	36.3	2	2	2	先行粘	448	1.49.1	プリンセスメール
1.24	京都	混・新馬	2000右良	53	武豊	15	8	2	①	2.02.5	4	S	35.2	2	2	1	先競勝	440	2.03.2	キョウワジュテーム
3.13	阪神	チューリOP牝	1600右良	54	武豊	16	4	1	①	1.36.8	3	M	37.3	2	2	1	先楽勝	438	1.37.3	ベルシャルマンテ
4.11	阪神	桜花賞牝	1600右良	55	武豊	18	8	1	①	1.37.2	首	M	37.8	2	2	2	二位抜	436	1.37.2	ユキノビジン
5.23	東京	オークス牝	2400左良	55	武豊	18	13	1	①	2.27.3	1¾	M	35.2	4	4	2	好抜出	438	2.27.6	ユキノビジン
11.14	京都	エリザベス混牝	2400右良	55	武豊	18	12	2	3	2.25.4	3½	H	36.0	8	9	8	中伸も	438	2.24.9	ホクトベガ
12.26	中山	有馬記念混	2500右良	53	武豊	14	3	6	9	2.32.3	8	M	36.3	10	7	7	中一杯	438	2.30.9	トウカイテイオー
1994.4.3	阪神	産経大阪杯混	2000右良	56	武豊	14	14	1	9	2.02.2	5	S	35.9	4	3	3	好位退	436	2.01.2	ネーハイシーザー
6.12	阪神	宝塚記念混	2200右良	54	武豊	14	12	5	13	2.14.9	23	M	38.7	2	2	4	先バテ	436	2.11.2	ビワハヤヒデ

ベガは僕にとって特別な馬です。

桜花賞とオークスというビッグタイトルをプレゼントしてくれただけでなく、引退して母になって息子アドマイヤベガを産み、僕にダービーをとらせてくれたんですから。まるで夢のような話だと思いませんか？　現役時代もベガのことは気に入っていましたが、ほんとうに好きな牝馬ですね。と同時にやはりすごい馬なんだなあと改めて思っています。

ベガは3歳の1月にデビューしました。新馬戦は2着で、そのときは橋本美純ジョッキーが乗っていました。これもシャダイカグラと同じで、自分が乗ることになるとはまったく思っていなかった馬でした。

それがふとした偶然から、僕のところに回ってきたのです。

ベガがデビュー戦で負けて2回目の新馬戦に向けて調教を進めていたときのことでした。

ベガの松田博資調教師が橋本騎手と何か話していたのです。そのときたまたま僕がそこを通りかかった。そしたら突然松田調教師から、「ユタカ、今週の新馬戦あいてるか」って聞かれて。僕は騎乗馬が決まっていなかったので、「ええあいてますけど」って答えました。それで乗ることになったのがベガ。

人生何が起こるかわかりません。

そのとき僕の頭にあったのは、ああ、あの新馬戦2着に来た馬か、ええ馬が回ってきたなあ、くらいのものでした。

初めて乗ったレースは芝の2000メートルのレースだったのですが、これがむちゃくちゃ走るんです。驚きました。スタートして難なく2、3番手につけて、あっさり抜け出して2着以下に4馬身差をつける圧勝でしたから。

忘れもしません。僕はこのレースが終わった時点で松田調教師に「この馬、オークス勝ちますよ」って言ったほどです。そのくらいの手応えがありましたね。

ベガはトニービン産駒で母の父はノーザンダンサーという良血馬ですが、売りに出されなかった馬でした。

左前脚が湾曲していたのです。それは僕が見てもわかるくらい。こんなに脚が曲がっていてはとてもお客さんに売れない商品と判断されて、生産した社台ファームの吉田善哉氏夫人の和子さんがオーナーになったということです。体質も弱くて、栗東へ入厩したときも「やるだけやってだめだったら返してくれ」とオーナーから言われていたといいますから、あまり期待はされていなかったのでしょう。

脚が曲がっている馬というのはときどきいて、僕はあまり気にしません。僕が初めてGIを勝った馬がスーパークリークというのですが、あの馬も脚が曲がっていましたからね。それでも乗っていて脚が曲がってるなあと感じたことはありません。

ただ、脚が曲がっていることで成績に影響がないかというと、そんなことはない。脚が痛くなってしまうコが多いですからね。ふつうに生きていく上でなんの障害がないとしても、走るのが仕事になると、どこかに無理が生じるからでしょう。確率的に脚部不安になる馬が多いように思います。ベガも入厩当時は脚が痛くなったみたいですが、デビュー時にはそのあたりの悩みは解消していました。体の芯が強かったのだろうと松田調教師はおっしゃっています。

ベガの脚の曲がり方はかなりひどかったですが、乗っていて違和感を感じたことはなかったです。それより初めて乗ったときに感じたのは「この馬、ものすごくバネがある」ということでした。今でもはっきり覚えているのですが、ほんとにはずむような走り方をするんですよ。トモの筋肉が強いのでしょう。いい馬に乗せてもらったなあと思ったものです。小さいときひ弱だったと聞きましたが、あの走りっぷりからはとても想像できなかったです。

バネのいい馬というのはときおりいるのですが、ベガの場合はけた違いでしたね。よく「はずむように走る」という表現がありますが、ベガは乗っていてほんとうにその通りの走り方をする馬だったんです。飛ぶようなフォームで。あんな走り方をする馬にはなかなかお目にかからないですね。言葉で説明をするのはとてもむずかしい。たとえば、そう、今走っている馬だと、アドマイヤグルーヴにフォームが似ているかもしれません。よかったのはバネだけではありません。ありふれた言い方になってしまうのですが、レースセンスが抜群だったのです。

それを証明するおもしろい話があります。デビュー前のことです。

競走馬はみんなデビューする前にゲートの練習をすることになっています。まずゲートに入って、それからゲートが開くと同時に走り出すことを覚えなくてはなりません。これには試験もあって、ゲート試験に合格しないとレースに出ることはできないのです。

まあふつうの馬はゲートに入るところから練習するのです。馬1頭がやっと入れるくらいの狭い場所ですから、だいたいの馬は嫌がるわけですね。だから何度も練習して慣らしていく。そしてゲートに入れるようになったらスタートの練習をするのですが、これも最初はレースみたいにぽんと飛び出すということはできません。出なかったり、ぽくぽく歩いて出たり。

ところがベガは、さっさとゲートに入ってゲートが開くとピューッと飛び出した。なんにも教えていないのに、自分から一発でそれをやってのけたのですから、みんなもうびっくり。それで来週ゲート試験を受けてみようかということになり、受けてみたらちゃんと1回で合格。

それから調教に入ったのですが、トレセンの坂路（はんろ）を使って追い切りをしたらいきなりすごいタイムを出した。またみんなが驚いて、じゃあレースに出してみようかって新馬戦に出したら2着に来て、2回目で勝ち上がり。

ベガはなんにも教えなくても全部自分でできたんです。こういうのをほんとにレースセンスのある馬というのでしょう。いないですよ、こういう馬は。

しかも性格がすごくいいんです。厩務員さんにもとてもなついていたし、おとなしくて絶対暴れたりしない。わがままなところもないし、ほんとうにかわいい馬でしたね。母となってからも子供をすごくかわいがると聞いていますが、目に見えるようです。

ベガは鹿毛(かげ)で四白流星。体重は430キロ台でそれほど大きな馬ではなかったです。4本の脚の先が白くなっていて鼻筋にはかなり太い大流星があったのですが、その流星の中にポツポツと地毛の星が散っていて、それが有名でした。性格はとてもおとなしいのに、目がぎろっとしていて血走っていたのもかえって特徴があって人気になっていたようです。

デビューが遅かったので、勝ち上がると続いて、桜花賞の優先出走権をとることができるトライアルレースのチューリップ賞に出走しました。これが大楽勝。僕はただふつうに乗っただけで、なんにもする必要がなかった。強かったです。桜花賞も同じでした。単勝2倍の大本命でしたが、特別なことをする必要は何もなかったです。

欠点はありませんでした。脚が曲がってはいましたが、レースでは注文をつけなくてはならないところはなかった。他の馬をこわがるというようなこともないし、ふだ

第53回　桜花賞　（ＧⅠ）㊥　（３歳オープン　定量・芝1600㍍　良）

1	❹⑧ベガ	55	武　豊	1.37.2		436	－2	①	栗東	松田博
2	❶②ユキノビジン	55	安田富	1.37.2	首	460	－4	⑤	美浦	久保田
3	❻⑪マックスジョリー	55	柴田政	1.37.3	首	460	－12	②	栗東	伊藤雄
4	❷③ヤマヒサローレル	55	猿　橋	1.37.5	1¼	484	＋2	③	栗東	湯　浅
5	❽⑯ホクトベガ	55	加　藤	1.37.7	1¼	484	－8	⑥	美浦	中野隆
6	❸⑤スエヒロジョウオー	55	田面木	1.38.1	2½	392	－8	⑧	栗東	吉永猛
7	❼⑭タカノプリマ	55	田　原	1.38.2	½	452	＋2	⑫	栗東	飯　田
8	❺⑨タイジュリエット	55	岸	1.38.5	2	438	－2	⑩	栗東	坪　憲
9	❽⑱インターピレネー	55	熊　沢	1.38.5	鼻	422	0	⑬	栗東	坪　憲
10	❷④ベルシャルマンテ	55	安田隆	1.38.8	1¾	412	＋4	⑨	美浦	稗　田
11	❸⑥マザートウショウ	55	横山典	1.38.9	½	436	－6	④	美浦	奥　平
12	❺⑩マイネピクシー	55	西　浦	1.39.0	½	412	－2	⑰	栗東	福島信
13	❻⑫グレイスナッキー	55	藤　田	1.39.1	¾	414	＋2	⑭	栗東	山　内
14	❶①ショウザンダイヤ	55	上　村	1.39.2	¾	438	0	⑯	栗東	飯　田
15	❼⑬マリアキラメキ	55	内田浩	1.39.2	鼻	420	0	⑪	美浦	稗　田
16	❼⑮オースミシャイン	55	河　内	1.39.6	2½	460	－6	⑦	栗東	白　井
17	❽⑰ドミナスクリスタル	55	村　本	1.39.7	½	450	0	⑮	栗東	野　元
18	❹⑦ホクテンホウ	55	田　所	1.40.8	7	394		⑱	栗東	鹿戸幸

単⑧200円複⑧120円②370円⑪180円　枠連❶－❹1710円⑦　馬連②－⑧1960円⑦　（1993年４月11日、阪神）
決め手＝直競勝　前半４ハロン＝47.4（M）　上がり＝49.8－37.8
ラップ＝12.7－11.3－11.5－11.9－12.0－12.3－12.1－13.4
二角⑥（③❽⑮）（②⑪⑰）⑭（④⑦⑨⑯）（⑤⑫⑬）（①⑱）－⑩
三角（⑥❽）⑪（③②⑮⑰）（④⑦⑭⑯⑨⑫）（⑤⑬①）⑱－⑩
四角（⑥❽⑪）（③②）－（④⑭⑯⑮⑰）（⑤⑨⑫）（⑦⑩①）（⑬⑱）

んおとなしいけれど、レースでは根性もあるし。強いて言うとスピードがありすぎることかな。実際2400メートルのレースでも勝っていますから、スタミナもあったのだと思います。

初めて乗って勝った後に、「オークスを勝つ」とすでに言っていたわけですが、桜花賞を勝ってさらに自信を持ちました。桜花賞はキャリアが浅かった分、不安もあったのです。2着馬とは首差しかなかったのですが、それでも勝てましたからね。いろいろな課題をすべてクリアした結果でした。けれどオークスでは1番人気は1番人気なんだけれど3.4倍という数字。これは少し意外でした。もっと断然人気になるものと思っていたからかな。自信があるだけに「どうして？」という感じでした。

不思議なことに、オークスに関しては「この馬は勝てる」と思ったら勝てる。勘ではありません。僕にはわかるんです。このベガもダンスパートナーもエアグルーヴもそうでした。勝てると思った馬で実際に勝っています。

オークスというレースを予想するとき、桜花賞から一挙に距離が延びることから普通距離適性とか脚質とかコース形態とかを考慮するでしょ。でも必ずしもそれだけが要素ではないような気がします。3歳の5月というあの時期の府中の2400メートルで行われるオークスは、ほんとうに強い馬でないと勝てない。オークスを勝つ馬というのはやはりその世代の牝馬では最強なのだと思う。

もちろんレースは生きものですから、シャダイカグラのようにほんの少しだけ負けてしまうこともあります。今年（2003年）のアドマイヤグルーヴにしても不安な点がいくつかあって、それが全部クリアできれば勝つだろうなと思って臨んだわけですが、それがみんな悪い方向に出てしまって勝てなかった。負けるときは理由がありますね、やはり。どこか不安な点があると自信は持てない。

ベガの場合、なんの不安もなかったので乗るのが楽しみでした。

ベガは7枠13番。ヤマヒサローレルが予想通り逃げて、コバノフラッシュが2番手。桜花賞2着で3番人気のユキノビジンがベガの前にいました。ベガは少し離れた4番手。すぐ後ろに2番人気のマックスジョリーとホクトベガがベガをマークしていました。全体的にスローペースでした。これは予想通りで、折り合いだけには気をつけていたのですが、ベガはひっかかることもなく落ち着いて走っていました。4コーナー

第54回　オークス　（ＧⅠ）㊗　　（３歳オープン　定量・芝2400㍍　良）

1	❼⑬ベガ	55	武　豊	2.27.3		438	＋2	①	栗東	松田博
2	❺⑨ユキノビジン	55	安田富	2.27.6	1¾	464	＋4	③	美浦	久保田
3	❸⑥マックスジョリー	55	柴田政	2.27.6	頭	450	−10	②	栗東	伊藤雄
4	❹⑦デンコウセッカ	55	小島貞	2.27.8	1¼	422	−4	⑧	栗東	戸　山
5	❶①グランドクロス	55	岡　部	2.27.9	½	446	−2	⑥	美浦	二本柳
6	❼⑭ホクトベガ	55	加　藤	2.28.2	2	492	＋8	⑤	美浦	中野隆
7	❻⑫オースミシャイン	55	河　内	2.28.3	首	460	0	⑬	栗東	白　井
8	❽⑰ヤマヒサローレル	55	南　井	2.28.4	½	480	＋2	④	栗東	湯　浅
9	❽⑱ワコーチカコ	55	橋本広	2.28.6	1	460	−4	⑨	栗東	伊藤雄
10	❸⑤ドラゴンループル	55	田島裕	2.28.6	鼻	414	＋2	⑯	栗東	中尾謙
11	❻⑪タイジュリエット	55	岸	2.28.6	首	442	＋4	⑩	栗東	坪　憲
12	❷③タカノプリマ	55	田　原	2.28.7	½	456	＋4	⑫	栗東	飯　田
13	❽⑯メジロリリー	55	山田泰	2.28.8	¾	426	−4	⑦	栗東	大久保正
14	❼⑮シンデレラリリー	55	内　山	2.29.0	1½	426	＋6	⑮	栗東	大久保正
15	❶②カシワズビーナス	55	村　本	2.29.1	½	426	＋4	⑭	栗東	山　内
16	❹⑧マリアキラメキ	55	田中勝	2.29.3	1½	416	−2	⑪	美浦	稗田研
17	❷④マイネピクシー	55	西　浦	2.29.5	1½	398	＋4	⑱	栗東	福島信
18	❺⑩コバノフラッシュ	55	田面木	2.29.6	首	472	−4	⑰	美浦	高　松

単⑬340円複⑬140円⑨280円⑥180円　枠連❺−❼1350円④　馬連⑨−⑬2020円③　（1993年５月23日、東京）
決め手＝好鋭伸　前半４ハロン＝47.4（M）　上がり＝47.4−35.4
ラップ＝12.5−11.0−11.7−12.2−13.2−13.3−13.4−12.6−12.0−11.7−11.6−12.1
二角⑰−⑩−⑨⓭（⑤⑭）（⑥⑦⑯）（①⑧⑪）（②⑫⑱）（③⑮）−④
三角⑰⑩⑨（⑤⓭）（⑥⑭）（①⑦⑯）（⑧⑪）（②⑱）（③⑫⑮）−④
四角⑰（⑩⑨⓭）（⑤⑥⑭）⑦（①⑯）（②⑧⑫⑪⑱）（③⑮）−④

でユキノビジンが先に動いて先頭に立ちましたが、ベガの手応えはよかったので、いつでもかわせる態勢で直線に向きました。ゴール前200メートルで先頭のユキノビジンを捉えると、あとはそのまましっかりと先頭を走ってゴールイン。2着のユキノビジンに1馬身4分の3差をつけて二冠を達成しました。

スムーズなレースだったし、僕にとっては初めてのオークス制覇だったのでうれしかったです。それも予言通りでしたから。強かった。

ベガにとって、オークスが最後の勝利になるとは思ってもいませんでした。夏の放牧中に挫石（ざせき）するアクシデントがあり、秋はエリザベス女王杯が初戦になってしまったのですが、乗っていて「あれ」って感じでした。春とは動きが違っていて。松田先生もおっしゃっていましたが、ほんとうのベガじゃないとしか言えなかったです。結局ホクトベガとノースフライトに負けて3着だったのですが、ベガを負かした2頭の牝馬はその後すごい活躍をした馬だったので、この結果でベガの評価がすごく下がったとは思っていません。

その後、負けているのは牡馬相手のレースばかりですから、しかたがないでしょう。

さすがに有馬記念とか宝塚記念ですから牝馬には荷が重い。それでも、もし3歳春の強さのままだったらもう少しやれたんじゃないかなと思ったりもしますけど。

結局、夏を越してからあの春の強さが再現されることはなかったですね。理由は誰にもわかりません。牝馬はときどきこういうふうに突然勝てなくなってしまうことがあるのでほんとにむずかしい。伊藤雄二調教師などもときどき「ああ、もうこれはお母さん気分やな」とか言うことがあるんですけれど、ベガの場合もそうかもしれない。桜花賞もオークスも勝ったし、早くいい男を見つけてお嫁に行きたいわあって思っていたのかな。

でも牝馬は桜花賞かオークスを勝ったらいいんです。牝馬にとって、ここ、というレースはそのふたつで、そこで勝てばいいと僕は思っています。その後で負けてもタイトルを失うわけでもないし、一度しかチャンスはないわけですから、それを勝つことは牝馬にとってはまず最高の栄誉なのではないでしょうか。

ベガが引退して初めて産んだのがアドマイヤベガです。父はサンデーサイレンス。幸運なことに僕はこの馬に乗ることができて、しかもテイエムオペラオーやナリタ

第66回　日本ダービー　（ＧＩ）㊋　（3歳オープン　定量・芝2400㍍　良）

1	❶②アドマイヤベガ	57	武　豊	2.25.3		454	＋10	②	栗東	橋　田
2	❻⑪ナリタトップロード	57	渡　辺	2.25.4	首	484	＋4	①	栗東	沖
3	❼⑭テイエムオペラオー	57	和　田	2.25.6	1¼	468	＋4	③	栗東	岩　元
4	❺⑨オースミブライト	57	蛯　名	2.26.0	2½	444	＋8	④	栗東	中尾正
5	❶①ブラックタキシード	57	的　場	2.26.3	1¾	430	−6	⑥	美浦	尾　形
6	❺⑩ロサード	57	高橋亮	2.26.4	¾	410	＋2	⑮	栗東	橋　口
7	❹⑦ペインテドブラック	57	加　藤	2.26.4	鼻	466	0	⑤	美浦	鈴木康
8	❼⑮マイネルシアター	57	横山典	2.26.7	1¾	454	＋4	⑧	美浦	柴　崎
9	❹⑧ワンダーファング	57	幸	2.26.8	½	470		⑬	栗東	領　家
10	❸⑤ヤマニンアクロ	57	勝　浦	2.27.0	1¼	522	−6	⑫	美浦	萩　原
11	❷③ニシノセイリュウ	57	河　内	2.27.2	1½	436	＋4	⑨	栗東	松田正
12	❽⑰マルブツオペラ	57	武　幸	2.27.3	¾	456	＋8	⑭	栗東	瀬戸口
13	❻⑫チョウカイリョウガ	57	柴田善	2.27.5	1½	466	−8	⑦	美浦	中野隆
14	❸⑥ブルーコマンダー	57	吉　田	2.27.8	1¾	460	0	⑩	栗東	伊藤修
15	❽⑱マルシゲファイター	57	菅　谷	2.27.9	¾	486	＋6	⑱	栗東	武　田
16	❷④マイネルタンゴ	57	岡　部	2.28.3	2½	452	0	⑪	美浦	大江原
17	❼⑬タイクラッシャー	57	松永幹	2.28.3	首	460	0	⑯	栗東	五十嵐
18	❽⑯ノーザンカピタン	57	後　藤	2.30.5	大	488	＋4	⑰	栗東	中村均

単②390円複②140円⑪130円⑭140円　枠連❶－❻610円②　馬連②－⑪820円②　（1999年6月6日、東京）
決め手＝直一気　前半4㌽＝48.1（M）　上がり＝48.0－35.7
ラップ＝12.8－11.3－12.0－12.0－12.1－12.3－12.4－12.4－12.3－12.8－10.9－12.0
二角⑧④－⑤－①（⑫⑰）－⑬（⑦⑭）⑥⑪⑨③⑮❷⑩－⑯⑱
三角⑧④⑤――①⑰－（⑬⑫）（⑦⑭）⑪⑮（⑥⑨③）❷⑩⑯－⑱
四角⑧④⑤－（⑬⑦①⑭）⑪（⑥⑫⑰）（⑨⑮）❷③（⑯⑩）－⑱

トップロードをおさえてダービーを勝つことができました。ダービー制覇は2度目だったのですが、ベガの息子なんだと思うと感慨深かったですね。ベガ、ありがとうっていう気持ちになりました。

母で桜花賞、オークスを勝って、その息子でダービーを勝つなんて、ほんとうに夢みたいな話だと思います。よく走ってくれたし、ダービー馬は産んでくれたし、競走成績も繁殖成績も群を抜いてすばらしい、理想の名牝なのではないでしょうか。僕にとっては最高の牝馬です。かわいいし、やっぱり好きですねえ。ベガは特別です。

コラム２
武豊は活動的か？

海外遠征に行き出したころ、日本で競馬をやっていることを知らない人はけっこういましたね。僕はよく中国人に間違えられて、いや日本人だと言うと「日本にも競馬なんてあるのか」って言うんですよ。それくらい昔は日本競馬の知名度は低かったんです。

　そんなことも経験して、ジョッキーに生まれたんだからいろんなところで乗りたいという欲求の他に、海外のレースを日本の馬で勝つというのがひとつの目標になったのだと思います。だからシーキングザパールで海外ＧＩ制覇第一号になれたのはほんとにうれしかったです。

　２００２年だったか、トルコのイスタンブールの競馬場に全然予備知識なしで行ったんですけど、意外とよかったです。香港っぽかったです。ちょっと不思議な国だったけど。競馬

2001年５月仏サンクルー

じゃなかったら行かなかったと思います。知らない競馬場で乗るのは嫌いじゃないので、いろんなところに行って乗ってみたいです。

こう言うとすごい活動的ですよね。実際競馬に乗るためだったら、そうとう辺鄙(へんぴ)なところまで出かけていくから活動的なんだと思うのですが、言われてみれば競馬以外では別にどこにも行かないですねえ。

フランスに一年の半分も住んでいても、休みの日にどこかに行こうかというのはないです。一度だけ騎乗停止で2日休みになったときにイタリアへ行ったくらい。

ヴェルサイユ宮殿も行ったことないし、オルセー美術館1回、ルーブル1回……。しかもすごい昔の話です。住み始めてからは行ったことがないですね。日本人がいっぱいいるし、いつでも行けると思うとどうしてか行けないものみたいです。

だって僕、京都に住んでいて金閣寺も1回しか行ったことないし、銀閣寺から500メートルくらいのところに6年ぐらい住んでいましたが、その間に一度も行ったことがないんですよ。いや、一度行ったら休みでした。

やっぱり出不精なのかな。

第三章 オグリローマン

オグリキャップのロマン再び

オグリローマンの血統

牝　芦毛　1991年5月20日生　三石産　馬主＝小栗孝一　調教師＝栗東・瀬戸口勉　生産者＝稲葉牧場

*ブレイヴェストローマン BRAVEST ROMAN 鹿毛　1972（米）	NEVER BEND 鹿毛　1960	NASRULLAH
		LALUN
	ROMAN SONG 鹿毛　1955	ROMAN
		QUIZ SONG
ホワイトナルビー 芦毛　1974	*シルバーシャーク SILVER SHARK 芦毛　1963 （アイルランド）	BUISSON ARDENT
		PALSAKA
	ネヴァーナルビー 黒鹿毛　1969	*ネヴァービート（英）
		センジュウ

オグリローマンの全成績

開催日	場所	レース名	距離回り	重量	騎手	頭数	馬番	人気	着順	タイム	着差	ペース	上り	向	三	四	走り方	体重	着時計	1(2)着馬名
1993.7.28	笠松	新馬	800右良	53	安藤勝	8	6	1	①	49.5	6				1	1		456	49.5	ジュリアナクイーン
8.11	笠松	3歳	800右不	53	安藤勝	10	2	1	①	49.2	¾				2	2		454	49.5	ナイスハヤブサ
8.25	笠松	秋風ジュニア	1400右良	53	安藤勝	10	8	1	2	1.31.9	0.2			2	2	1		454	1.31.9	マルカショウグン
9.29	笠松	ジュニアクラウン	1400右良	53	安藤勝	10	7	1	①	1.30.4	1			7	8	3		456	1.30.4	マルカショウグン
11.4	笠松	プリンセス特別	1400右良	53	安藤勝	10	2	1	①	1.28.9	3			1	1	1		460	1.28.9	ツキノマイヒメ
12.8	中京	ゴールドウイング賞	1400右良	53	安藤光	12	7	1	①	1.28.9	4			2	2	1		460	1.28.9	ファストグリーン
12.29	笠松	ジュニアグランプリ	1600右重	53	安藤勝	10	2	1	①	1.41.0	3			1	1	1		460	1.41.0	マルカショウグン
1994.2.19	阪神	エルフィOP混牝	1600右良	54	武豊	9	8	1	9	1.40.2	15	H	40.5	2	2	3	先バテ	452	1.37.7	ローブモンタント
3.12	中京	チューリップ牝	1700左良	54	田原	14	3	2	2	1.43.9	½	M	35.9	13	14	9	後伸る	454	1.43.8	アグネスパレード
4.10	阪神	桜花賞牝	1600右良	55	武豊	18	1	3	①	1.36.4	鼻	H	36.2	7	11	10	中鋭伸	458	1.36.4	ツィンクルブライド
5.22	東京	オークス牝	2400日田	55	武豊	18	16	1	12	2.29.7	12	M	39.1	14	14	14	後方侭	462	2.27.5	チョウカイキャロル
10.23	阪神	ローズS混牝	2000右良	55	上村	15	6	3	11	2.01.8	11	M	36.7	9	8	8	中位退	468	2.00.0	ヒシアマゾン
11.13	京都	エリザベス混牝	2400右良	55	武豊	18	7	5	15	2.27.4	18	H	36.1	18	18	18	後方侭	468	2.24.3	ヒシアマゾン
12.11	阪神	ポートアOP混	1600右重	56	田原	12	3	4	8	1.37.7	10	S	37.0	4	5	3	好位退	470	1.36.0	フィールドボンバー
12.18	阪神	阪神牝馬特混牝	2000右良	55	田原	13	12	7	13	2.03.7	19	M	39.8	1	1	1	逃バテ	464	2.00.6	メモリージャスパー

3番目はオグリローマンの話です。

ちょっと待ってくれよ、オグリローマンって名牝って言えるの？　これを読んでいてそんなふうに思った方もいらっしゃるかもしれません。たしかにオグリローマンは、この本に出てくる他の牝馬ほど中央競馬で活躍したわけではありません。けれどオグリローマンは立派な桜花賞馬です。これは僕にとってもとりわけ思い出深いレースなのです。

オグリローマンは昭和最後のアイドルホース・オグリキャップの妹でした。兄のオグリキャップと同じように地方競馬の笠松競馬場で2歳の夏にデビューし、地方競馬時代は7戦6勝2着1回というすばらしい成績を残しています。

3歳になって1月にオグリローマンは中央競馬の瀬戸口勉厩舎（栗東）に転厩しました。これも兄と同じ厩舎です。ひとつ違っていたのは、オーナーがクラシック登録をしていたことでした。3歳馬がクラシックレースに出走するためには、早くからクラシック登録をすませてなくてはならないのです。兄のオグリキャップは地方競馬で走っていたため、中央競馬のクラシック登録など思いもよらなかったのでしょう。中

第35回　有馬記念　（GⅠ）㊋　（3歳上オープン　定量・芝2500㍍　良）

1	❹⑧オグリキャップ	56	武　豊	2.34.2		494	－2	④	栗東	瀬戸口
2	❸⑤メジロライアン	55	横山典	2.34.3	¾	518	＋2	③	美浦	奥　平
3	❼⑬ホワイトストーン	55	柴田人	2.34.4	首	454	＋4	①	美浦	高　松
4	❷③オサイチジョージ	57	丸　山	2.34.5	½	470	－6	⑤	栗東	土門一
5	❶①オースミシャダイ	57	松永昌	2.34.6	¾	462	0	⑫	栗東	武　邦
6	❷④ランニングフリー	56	菅原泰	2.34.6	首	456	0	⑨	美浦	本郷一
7	❶②ヤエノムテキ	56	岡　部	2.34.7	首	496	0	⑥	栗東	荻　野
8	❺⑩ミスターシクレノン	56	松永幹	2.34.9	1	500	0	⑬	栗東	小林稔
9	❼⑭ゴーサイン	55	南　井	2.34.9	首	484	＋2	⑦	栗東	宇　田
10	❹⑦メジロアルダン	56	河　内	2.34.9	鼻	520	＋16	②	美浦	奥　平
11	❻⑪リアルバースデー	57	大　崎	2.35.0	首	470	＋6	⑧	美浦	佐藤林
11	❽⑮カチウマホーク	57	的　場	2.35.0	同	472	＋6	⑪	美浦	柄崎義
13	❺⑨キョウエイタップ	53	柴田善	2.35.2	1¼	460	＋2	⑩	美浦	稗田研
14	❻⑫エイシンサニー	53	田島良	2.35.3	¾	420	＋4	⑯	栗東	坂口正則
15	❸⑥サンドピアリス	55	岸	2.35.4	¾	416	－4	⑮	栗東	吉永忍
16	❽⑯ラケットボール	56	坂　井	2.36.0	3½	470	0	⑭	美浦	松山康

単⑧550円複⑧250円⑤160円⑬140円　連❸－❹720円③　（1990年12月23日、中山）
決め手＝G前抜　前半4㌶＝50.6（S）　上がり＝47.2－35.4
ラップ＝7.0－12.2－12.2－12.7－13.0－13.4－13.1－12.0－11.4－11.8－11.7－11.5－12.2
二角③（②⑦⑪⑩）（⑬④❽）⑭（①⑤）⑮（⑥⑫）－⑨－⑯
三角（③⑩）（②⑬⑦⑪❽）（⑤⑭）（①④）（⑮⑫）⑥⑨－⑯
四角③（⑩⑦⑪❽）（⑬⑤⑭）（②⑫）①（⑮④⑨）⑥－⑯

写真・朝日新聞社

央に転厩してものすごい強さを発揮しながらも、クラシック登録がなかったため、オグリキャップは皐月(さつき)賞にもダービーにも出走することができませんでしたが、妹は違いました。転厩して桜花賞を目指すことができたのです。

僕はオグリキャップに乗ったことがあります。一番調子のよかった5歳の春の安田記念と、反対に調子が悪くなってからの感動的な復活ラストランです。だからオグリキャップのすばらしさは肌で知っています。その妹に乗ることになって、期待しないわけにはいきませんでした。

オグリローマンは父がブレイヴェストローマンで、同じ芦毛(あしげ)ではありましたが、ダンシングキャップを父に持つ兄とは体型がかなり違っていました。見た目だけでなく、闘志と勇気の塊のようだった兄とは性格もかなり違いました。

期待ははずれました。

調教は走らないし、中央初戦になったエルフィンステークスに出ることは出たんですが、9頭だての9着ですから。もうがっかりでした。というより拍子抜けです。

理由ははっきりしていました。オグリローマンはすごいこわがりだったのです。他の馬がこわいのです。たとえば輪乗りしていて、目の前の馬がちょっと暴れたりするともうこわくてピューッと逃げ出そうとするくらい。競走馬としては最悪の性格ですよね。これでは桜花賞に出るのもむずかしいのではないかと思いました。

桜花賞の出走権利をとるために、オグリローマンは続いてチューリップ賞に出走しました。このとき手綱をとったのは田原成貴ジョッキーです。僕は中山競馬場で乗っていたので。

田原騎手は、オグリローマンのこわがりの性格を踏まえて最後方から追い込むレースをして2着に突っ込み、桜花賞の出走権をとってくれました。後で聞いたらやはり追い込んでいくときも、まわりの馬がこわくて逃げるように前へ前へ走っていったそうです。

桜花賞はまた僕が乗ることになっていました。

けれど正直に言って、あの性格ではGIレースを勝つのは無理だと思っていました。最初のレースのころに比べると、追い切りの動きはよくなってはいたんですが、それでも5着以内に来ればいいかな、くらいの気持ち。勝てるなんてこれっぽっちも思っていなかったです。それでもさすがにオグリキャップの妹で人気はあります。単勝は

3番人気でした。

最内の1番枠に入ったのでどこかで外に出すしかないかなあとは思っていましたが、それもはっきりと決めていたわけではなく、作戦とか何もなかったですね。

ところがスタートしてみたら、他の馬をまるでこわがらないんです。あれ？　とまず思いましたね。いつもと違う。これなら大丈夫だ。そう感じて、中団の内に置いて走らせました。スリーコースとメローフルーツがレースを引っ張ったまま4コーナーまで行ったのですが、道中もまったくひるむことなく、あれ、いい感じだぞ、あれ、あれ、って、あのこわがりはいったいどこへいってしまったのかといぶかりながら騎乗していました。不思議なほど馬がリラックスして馬群の中でスムーズな走りをしているので、ほんとに馬だらけの中団の真ん中で直線に向かいました。

馬群がばらけたところで外に出そうとしたら、他馬をがんがんさばいて追い抜いていくし、うまく外に出せて、そこから追い出したらすごい伸び方で。届くかもしれないと思って必死に追ったんです。じつはその前に前の馬の蹴り上げた泥が、僕のムチに当たったせいで、一度ムチを落としそうになったんです。ひっかかっていたのを拾っているのがばっちりテレビに映っていますが、もし落としていたら大変でした。2

第54回　桜花賞　（ＧＩ）㊎

（３歳オープン　定量・芝1600㍍　良）

1	❶①オグリローマン	55	武　豊	1.36.4		458	＋4	③	栗東	瀬戸口
2	❹⑦ツィンクルブライド	55	大　崎	1.36.4	鼻	428	－4	⑫	栗東	橋　口
3	❻⑫ローブモンタント	55	田　原	1.36.6	1¼	458	－6	①	栗東	飯　田
4	❹⑧メローフルーツ	55	岡　部	1.36.7	½	426	0	④	栗東	伊藤雄
5	❶②グッドラックスター	55	松　本	1.36.7	頭	462	＋4	⑨	栗東	藤　岡
6	❺⑩ノーザンプリンセス	55	柴田善	1.36.9	1½	430	－2	②	美浦	清水利
7	❼⑬テンザンユタカ	55	松永昌	1.36.9	頭	434	－2	⑧	栗東	松永善
8	❽⑱アグネスパレード	55	河　内	1.37.0	¾	462	－8	⑤	栗東	長　浜
9	❼⑮エイシンセンネン	55	南　井	1.37.1	首	450	－12	⑩	栗東	星　川
10	❷③ミストラルアゲン	55	柴田政	1.37.3	1	420	0	⑮	美浦	伊藤正
11	❸⑥リスクフローラ	55	小　野	1.37.4	½	430	0	⑪	美浦	伊藤竹
12	❸⑤アイアムフェアリー	55	本　田	1.37.5	¾	440	＋2	⑰	栗東	星　川
13	❷④ゴールデンジャック	55	四　位	1.37.6	½	438	＋6	⑦	栗東	北　橋
14	❼⑭ナガラフラッシュ	55	上　村	1.37.7	¾	422	－4	⑥	栗東	瀬戸口
15	❽⑰トウカイビスタ	55	田所秀	1.37.7	頭	462	－2	⑬	栗東	田所秀
16	❽⑯ヨシノジェーン	55	溝　橋	1.37.8	½	426	＋4	⑱	栗東	吉永猛
17	❻⑪スリーコース	55	岸	1.37.9	¾	448	0	⑭	栗東	橋　本
18	❺⑨エンゼルプリンセス	55	熊　沢	1.38.6	4	442	＋2	⑯	美浦	鈴木清

単①730円複①300円⑦730円⑫140円　枠連❶－❹2230円⑬　馬連①－⑦18140円52　（1994年４月10日、阪神）
決め手＝中鋭伸　前半４㌵＝47.2（H）　上がり＝49.2－37.1
ラップ＝12.7－11.0－11.6－11.9－12.1－12.1－12.3－12.7
二角（⑧⑪）（②⑦⑨⑫）（❶⑥⑩⑬⑭）（③④⑮⑯）（⑤⑰⑱）
三角⑪⑧（⑦⑨⑫）（②⑥⑩⑬⑭）（❶⑯）（③⑮）（⑤④⑰）⑱
四角⑪⑧（⑦⑥⑨⑫）（②⑩⑭）（❶⑬）（③⑯⑤）（⑮⑱）（⑰④）

着のツィンクルブライドとは鼻差でしたから、ムチは必要でしたから。

追えば追っただけ伸びてすごかったです。内で競り合っていたロープモンタントとツィンクルブライドを横目に見ながら、1頭だけ違う勢いでゴールを駆け抜けたのでした。

レース後は僕も関係者も、勝ったことにびっくりしましたね。そのくらい勝てるなんて思ってはいなかったのです。しかし、やっぱりオグリキャップの妹なんだなあ、とみんな思ったのではないでしょうか。


中央競馬でのオグリローマンは、桜花賞しか勝っていません。あとはさんざんな成績で、もしあの桜花賞を勝っていなかったら忘れられてしまったでしょうね。それだけに、なぜあのレースだけ、あんなに他の馬をこわがらず、リラックスして走れたのだろう、と考えてみるのですが、僕には理由がまったくわからないのです。

だいたい僕自身、それほど自信がなかったから、このレースではピンクのゴーグルなんかつけているんですよ。1枠で白帽子にピンクのゴーグルって絵的にいいでしょ。そんなファッションのことを考える余裕があるくらい気楽に乗っている。いや、むし

オグリキャップの血統

牡　芦毛　1985年3月27日生　三石産　馬主＝近藤俊典　調教師＝栗東・瀬戸口勉　生産者＝稲葉不奈男

*ダンシングキャップ 芦毛 1968（米）	NATIVE DANCER 芦毛 1950	POLYNESIAN
		GEISHA
	MERRY MADCAP 鹿毛 1962（英）	GREY SOVEREIGN
		CROFT LADY
ホワイトナルビー 芦毛 1974	*シルバーシャーク SILVER SHARK 芦毛 1963（アイルランド）	BUISSON ARDENT
		PALSAKA
	ネヴァーナルビー 黒鹿毛 1969	*ネヴァービート
		センジュウ

ろかえってそれがよかったのかな。僕の気楽さが伝染して、アイドルホースの妹であるというプレッシャーから解放されたのかもしれないです。

今レースのリプレイをビデオで見てみると、すごいレースをしているなあと自分でも感心します。これは自分で言うのもなんですが、うまいレースですね。スタートといい、道中の位置取りといい、外に出すタイミングといい、追いっぷりといい、文句ない。

こういうレースができたのは、オグリローマンの持って生まれた運命のようなものなのじゃないでしょう

オグリキャップの全成績

開催日	場所	レース名	距離回り	重量	騎手	頭数	馬番	人気	着順	タイム	着差	ペース	上り	向	三	四	走り方	体重	着時計	1(2)着馬名
1987.5.19	笠松	新馬	ダ800右良	54	青木	10	10	2	2	50.1	首				5	2		452	50.0	マーチトウショウ
6.2	笠松	3歳一般戦	ダ800右良	54	高橋	7	1	1	①	51.1	4				7	1		450	51.9	ノースヒーロー
6.15	笠松	3歳一般戦	ダ800右重	54	青木	9	8	1	①	49.8	6				3	2		456	51.0	フェートチャールス
7.26	笠松	3歳一般戦	ダ800右良	55	高橋	7	7	1	2	50.3	首				5	4		470	50.3	マーチトウショウ
8.12	笠松	3歳一般戦	ダ800右良	55	高橋	8	7	1	①	49.7	2½				6	2		470	50.2	マーチトウショウ
8.30	笠松	秋風ジュニア	ダ1400右良	54	安藤勝	10	5	1	①	1.30.3	4			7	5	3		476	1.31.2	マーチトウショウ
10.4	笠松	ジュニアクラウン	ダ1400右良	54	安藤勝	9	5	1	①	1.29.4	鼻			5	3	1		472	1.29.4	マーチトウショウ
10.14	中京	中京盃	1200左良	54	安藤勝	12	3	1	①	1.10.8	2			6	6	5		470	1.11.2	アーデントラブ
11.4	名古	中日スポーツ杯	ダ1400右不	54	安藤勝	12	4	1	①	1.29.8	2½			4	5	1		476	1.30.3	ハロープリンセス
12.7	笠松	師走特別	ダ1600右良	54	安藤勝	10	9	1	①	1.44.4	6			6	5	1		482	1.45.7	ヤングオージャ
12.29	笠松	ジュニアグランプリ	ダ1600右良	54	安藤勝	10	7	1	①	1.45.0	4			5	5	1		482	1.45.9	トウカイシャーク
1988.1.10	笠松	ゴールドジュニア	ダ1600右不	56	安藤勝	10	6	1	①	1.41.8	2½			4	4	2		486	1.42.3	マーチトウショウ
								〈地方通算12戦10勝〉												
1988.3.6	阪神	ペガサスS	1600右良	56	河内	10	4	2	①	1.35.6	3	M	35.8	7	8	6	後鋭伸	482	1.36.1	ラガーブラック
3.27	阪神	毎日杯	2000右重	57	河内	10	10	1	①	2.04.8	首	H	38.2	10	10	8	直一気	476	2.04.9	ファンドリデクター
5.8	京都	京都4歳特別	2000右稍	58	南井	15	15	1	①	2.03.6	5	M	37.1	11	12	4	直内伸	480	2.04.5	コウエイスパート
6.5	東京	NZT4歳S	1600左良	56	河内	13	11	1	①	1.34.0	7	H	35.4	9	7	4	直一気	480	1.35.2	リンドホシ
7.10	中京	高松宮杯	2000左良	55	河内	8	2	1	①	1.59.0	1¼	M	34.4	4	3	2	直抜出	478	1.59.2	ランドヒリュウ
10.9	東京	毎日王冠	1800左稍	56	河内	11	8	1	①	1.49.2	1¼	S	35.7	9	8	6	直抜出	494	1.49.4	シリウスシンボリ
10.30	東京	天皇賞（秋）	2000左良	56	河内	13	1	1	2	1.59.0	1¼	M	34.6	8	7	7	中伸も	492	1.58.8	タマモクロス
11.27	東京	ジャパンC	2400左良	55	河内	14	8	3	3	2.25.8	1¾	S	35.5	3	7	8	中伸る	494	2.25.5	ペイザバトラー
12.25	中山	有馬記念	2500右良	55	岡部	13	10	2	①	2.33.9	½	S	35.4	7	6	6	直競勝	492	2.34.0	タマモクロス
1989.9.17	中山	オールカマ混指	2200右良	57	南井	13	11	1	①	2.12.4	1¾	S	34.5	4	5	4	直抜出	490	2.12.7	オールダッシュ
10.8	東京	毎日王冠混	1800左稍	59	南井	8	6	1	①	1.46.7	鼻	M	34.8	6	6	5	直競勝	498	1.46.7	イナリワン
10.29	東京	天皇賞（秋）	2000左良	58	南井	14	4	1	2	1.59.1	首	S	34.3	7	4	4	G強襲	496	1.59.1	スーパークリーク
11.19	京都	マイルCS混	1600右良	57	南井	17	1	1	①	1.34.6	鼻	M	35.2	7	5	5	直内伸	496	1.34.6	バンブーメモリー
11.26	東京	ジャパンC混指	2400左良	57	南井	15	3	2	2	2.22.2	首	H	36.0	4	4	4	G強襲	496	2.22.2	ホーリックス
12.24	中山	有馬記念混	2500右良	57	南井	16	1	1	5	2.32.5	4¾	H	37.2	1	2	1	先一杯	496	2.31.7	イナリワン
1990.5.13	東京	安田記念混	1600左良	57	武豊	16	9	1	①	1.32.4	2	H	34.9	3	2	2	先楽勝	496	1.32.7	ヤエノムテキ
6.10	阪神	宝塚記念混	2200右良	57	岡	10	6	1	2	2.14.6	3½	M	37.5	3	4	3	好伸も	500	2.14.0	オサイチジョージ
10.28	東京	天皇賞（秋）	2000左良	58	増沢	18	12	1	6	1.58.9	4¾	H	36.4	2	5	3	追上退	500	1.58.2	ヤエノムテキ
11.25	東京	ジャパンC混指	2400左良	57	増沢	15	7	4	11	2.24.1	5	S	35.2	15	15	11	後漸進	496	2.23.2	ベタールースンアップ
12.23	中山	有馬記念混	2500右良	56	武豊	16	8	4	①	2.34.2	¾	S	35.0	6	4	2	G前抜	494	2.34.3	メジロライアン

か。波乱万丈の末に有馬記念を勝って引退していった兄のように、ドラマチックなことをやってみせる運命に生まれついていた。いわば一族の血です。それが桜花賞で爆発したのでしょうね。すごいレースをしたと思います。

でもやっぱりなんで勝てたのかわからない。オグリローマンは謎の名牝です。しかし競馬はブラッドスポーツでもあるわけで、そういう意味では血のロマンを実現してみせてくれたすばらしい馬だと言えるのではないでしょうか。期待されたことを期待された通りにやってみせることができた。オグリローマンを名牝と呼べるのはそれが理由だと僕は思います。

コラム3
血統について

新馬などの騎乗を依頼されたとき、僕は血統を調べます。若い馬の場合は特にそうです。血統からだいたい予想される適性を知っておきたいからです。芝がいいのか、ダートは走るのか、距離はどのくらいもつのか、スピード色が濃いのか、スタミナはあるか、そういった知識は最低限必要です。なぜなら若い馬に乗るときは、この先どんな路線を歩んでゆくかを考えながらレースをして、いろんなことを教えておかなくてはならないからです。たとえば素質のありそうな牝馬を任されたとすると、まず考えるのは桜花賞を目指すか、それともオークスか、ということになる。だから一応、血統面の可能性も頭に入れておくわけです。

もちろん血統というのは配合されて新しい馬が生み出された段階で、どの血が濃く出ているかはなかなかわからないものです。母や父だけでなくもっと前の世代の血統の特徴を持っ

1995年5月米チャールズダウンズ・ケンタッキーダービー

た馬もいますし、どちらの親にもまったく似ていない馬も出ています。それが配合の妙というもので、ブラッドスポーツといわれる競馬のおもしろさの一面でもあるのです。

したがって血統がこうだから、と頑固に決めてかかるのはよくないことだと言えるでしょう。特に距離適性に関しては、血統の特徴通りにいかないことが多いように感じられます。血統の特徴はあくまでも目安なのです。しかし反対に血統は可能性を教えてくれることもあります。クラシック戦線で目立った活躍をしなかった馬が、ダートのスターホースに大変身することがありますね。こういう馬の血統を見てみると、たしかにダートでブレイクしても大丈夫な裏付けがあったりするものです。

このように血統は競馬にはかかせない要素です。ジョッキーである僕もそれを無視するわけにはいかないのです。しかし15年もジョッキーを続けていると、父や母に関しては紙の上の血統だけでなくその馬に実際乗ったことがあって、「きみのお母さんを知ってるよ」ということも多くなってきました。２００3年の産経大阪杯で僕が騎乗したツルマルボーイなどは、父のダンスインザダークにも母のツルマルガールにも乗ったことがあったのです。走らせながら首筋を眺めていると、やっぱり子供って親に似るものなんだなあ、などとふと思ったりするのです。

第四章

ダンスパートナー

サンデーサイレンス1期生の華

ダンスパートナーの血統

牝　鹿毛　1992年5月25日生　千歳産　馬主＝吉田勝己　調教師＝栗東・白井寿昭　生産者＝社台ファーム

*サンデーサイレンス SUNDAY SILENCE 青鹿毛　1986（米）	HALO 黒鹿毛　1969	HAIL TO REASON
		COSMAH
	WHISHING WELL 鹿毛　1975	UNDERSTANDING
		MOUNTAIN FLOWER
*ダンシングキイ DANCING KEY 鹿毛　1983（米）	NIJINSKY 鹿毛　1967	NORTHERN DANCER
		FLAMING PAGE
	KEY PARTNER 黒鹿毛　1976	KEY TO THE MINT
		NATIVE PARTNER

ダンスパートナーの全成績

開催日	場所	レース名	距離回り	重量	騎手	頭数	馬番	人気	着順	タイム	着差	ペース	上り	向	三	四	走り方	体重	着時計	1(2)着馬名
1995.1.29	小倉	混・新馬	1200右良	53	増井	16	2	1	①	1.10.6	1¾	H	35.2	12	10	5	後鋭伸	432	1.10.9	ゲイリーアタック
2.18	京都	エルフＯＰ混牝	1600右良	53	角田	12	7	2	2	1.35.3	½	M	34.9	11	11	7	出遅れ	422	1.35.2	シェイクハンド
3.11	京都	チューリッ牝指	1600右良	54	武豊	11	6	2	2	1.35.1	鼻	H	36.1	6	6	5	4不利	422	1.35.1	ユウキビバーチェ
4.9	京都	桜花賞牝指	1600右稍	55	武豊	18	17	3	2	1.34.4	首	H	35.3	16	16	15	出脚鈍	424	1.34.4	ワンダーパヒューム
5.21	東京	オークス牝指	2400左良	55	武豊	18	5	3	①	2.26.7	1¾	H	35.4	13	11	10	直一気	420	2.27.0	ユウキビバーチェ
8.27	仏国	ノネット賞	2000右良	58	武豊	4	4	3	2	2.11.3	鼻	M					直一先	―	2.11.3	マティアラ
9.10	仏国	ヴェルメイユ賞	2400右重	58	武豊	10	2	1	6	2.33.3	2½	M					直不利	―	2.32.8	カーリング
11.5	京都	菊花賞指	3000右良	55	武豊	18	4	1	5	3.05.0	4	M	36.0	10	10	5	中漸進	432	3.04.4	マヤノトップガン
12.17	阪神	阪神牝馬特混牝	1600右良	55	武豊	12	8	1	2	2.00.5	1¼	M	35.1	10	8	7	後伸る	430	2.00.3	サマニベッピン
1996.1.21	東京	ＡＪＣＣ混指	2200左良	55	蛯名	9	3	4	2	2.15.3	2	S	33.8	6	5	4	直内伸	418	2.15.0	カネツクロス
2.11	京都	京都記念混指	2200右良	55	武豊	8	4	2	2	2.14.6	3½	M	34.4	7	7	7	あおる	426	2.14.0	テイエムジャンボ
3.31	阪神	産経大阪杯混指	2000右稍	56	武豊	12	3	2	4	2.00.8	¼	S	34.4	9	9	8	後伸も	420	2.00.7	タイキブリザード
5.11	京都	京阪杯混	2200右良	56	四位	16	6	1	①	2.12.8	首	S	33.5	7	7	4	Ｇ前抜	426	2.12.8	イブキタモンヤグラ
6.9	東京	安田記念指国	1600左良	56	四位	17	5	7	6	1.33.6	2¾	H	34.8	10	12	14	後伸も	432	1.33.1	トロットサンダー
7.7	阪神	宝塚記念混指	2200右良	56	四位	13	7	3	3	2.12.3	1¾	M	34.6	7	6	6	中伸も	426	2.12.0	マヤノトップガン
10.6	京都	京都大賞典混指	2400右良	57	四位	14	14	2	4	2.25.2	½	S	33.9	12	7	6	後伸も	444	2.25.1	マーベラスサンデー
11.10	京都	エリザベス混牝指	2200右良	56	四位	16	15	1	①	2.14.3	首	S	34.0	5	6	5	中鋭伸	438	2.14.3	フェアダンス
11.24	東京	ジャパン混指国	2400左良	55	四位	15	12	6	10	2.25.6	10	M	37.3	10	10	9	中位侭	432	2.23.8	シングスピール
12.22	中山	有馬記念混指	2500右良	55	四位	14	14	12	6	2.35.2	9	M	37.4	11	11	8	後漸進	432	2.33.8	サクラローレル
1997.4.13	香港	ＱエリザベスⅡ世Ｃ	2000右良	55.5	四位	14	14	4	8	2.01.7	8	M		14	11	10	後方侭	―	2.00.3	ロンドンニューズ
6.15	阪神	鳴尾記念国	2000右良	57	河内	15	15	4	3	2.01.8	2¼	M	35.7	14	11	6	後伸る	448	2.01.4	バブルガムフェロー
7.6	阪神	宝塚記念指国	2200右良	56	河内	12	5	4	3	2.12.1	1¼	H	36.3	12	12	7	後伸も	444	2.11.9	マーベラスサンデー
10.5	京都	京都大賞典混指	2400右良	57	河内	10	3	1	2	2.26.2	首	M	34.3	10	10	6	あおる	450	2.26.2	シルクジャスティス
11.9	京都	エリザベス混牝指	2200右良	56	河内	15	3	1	2	2.12.5	首	M	35.1	11	11	11	中伸も	448	2.12.5	エリモシック
12.21	中山	有馬記念混指	2500右良	54	河内	16	2	5	14	2.38.8	23	M	39.8	16	16	15	後方侭	438	2.34.8	シルクジャスティス

ダンスパートナーはとても興味深い馬でした。

一緒にフランスでもレースを戦った仲です。現役生活が長く、6人のジョッキーが手綱をとっています。僕が知っているのは主に3歳時のダンスパートナーですから、その時代の彼女について書きましょう。


ダンスパートナーがデビューしたのは、3歳の1月です。スタートがうまくできない、いわゆるゲート難をかかえていて、厩舎のほうではとても苦労していたようです。新馬戦は小倉の1200メートルだったのですが、このときも出遅れました。乗っていたのは増井裕ジョッキー（現調教助手）です。出遅れてあっという間に先頭とは約6馬身差がつきました。短距離戦では絶望的な出遅れです。けれどダンスパートナーはそこからがすごかった。あっという間に前を行く馬群に追いつくと、そこから抜け出し、ゴールでは2着馬に2馬身近くの差をつけて勝ってしまったのです。この衝撃的なデビュー戦で、ダンスパートナーの名は一気に注目されることになりました。

2戦目のエルフィンステークスでも出遅れ気味で2着。なんとか桜花賞に出したいという白井寿昭調教師（栗東）の願いを受けて、3戦目の桜花賞トライアルチューリップ賞で僕は初めてダンスパートナーに騎乗することになりました。

それまでダンスパートナーを外から見ていましたが、あまり気性はよくないなと思っていました。父はサンデーサイレンス。今では競馬ファンなら誰でも知っている大種牡馬ですが、ダンスパートナーはサンデーサイレンス産駒の第1期生でしたので、まだ産駒についてはわからないことが多かったころです。

さいわい僕はサンデーサイレンスの現役時代のレースをビデオで見たこともあって、フラフラ走ったりするくせがあるところも知っていましたし、騎乗していたクリス・マッキャロンから、何度も振り落とされたなどという話を聞いていましたから、ダンスパートナーの性格は父譲りなのかなと考えていました。

ダンスパートナーの外見は小さくて貧弱で、ぱっと見ると走りそうにない感じの馬でした。いや、最後まであの体でなぜあれほど走るのかはよくわからないままでしたが、とにかくすごい切れ味を持っているのです。

チューリップ賞でもスタートはあまりよくなかったのですが、中団につけることができましたし、直線の入り口で他の馬と接触したにもかかわらず、ひるむことなく追い出したらすごい伸び脚でした。結果はユウキビバーチェに鼻差及ばず2着でしたが、桜花賞への切符を手に入れることができてほっとしました。

この年は阪神・淡路大震災があった年で、阪神競馬場も被害に遭い使うことができなかったため、桜花賞は京都競馬場で行われました。京都は阪神に比べて最後の直線が長く、コースの形からも追い込みがきくので、ダンスパートナーにとってはいいなと思って出走しました。けれどやはり出遅れ、後ろから追い込んだのですが、勝ったワンダーパヒュームには届かず2着に終わりました。デビューしてから2カ月ちょっとにしては大健闘だと思うけれど、やはり出遅れるのはつらい。大きなレースでは致命的なのです。しかし最後の伸びはさすがでした。もっと直線の長い府中で行われるオークスなら……とこのとき思いました。

ゲート難はなかなか治すことのできないむずかしい欠点です。

ゲートというのはとても狭いところなので、ほとんどの馬が入るのを最初は嫌がるくらいです。ダンスパートナーの場合は入ることは入るのですが、後ろに下がって入ってきたところから出ようとするのです。そのうち立ち上がる感じになって、嫌だったんでしょうね、ああいう狭いところでじっとしているのが。だからゲートが開いたときにタイミングよくスタートできないわけです。結果は出遅れです。出遅れることは競走馬にとっては大きなリスクです。スタート時につけられた差はなかなか取り戻せないものだからです。だから厩舎ではかなり厳しくゲートの練習を課したようです。ゲートにしばりつけてじっとしていることを教え込んだり、ゲートが開いたら走り出すんだとしつけたり、人間と馬の我慢比べのようだったそうです。

けれどその甲斐あって、オークスのときにはかなりふつうにスタートできるようになっていました。いいスタートだとは言えなかったけれど、それまでと比べればずいぶんましになっていて、ほんのちょっと遅れただけだった。

オークスは自信があったんです。ベガのときにも書いたと思うのですが、オークスを勝つにはやはり強い馬でないとだめなのです。ダンスパートナーには非凡なものを感じていました。強い。素質はものすごく高いと確信していたので、最後の直線の長い東京競馬場で思い切り走らせてやりたいな、と思っていました。そしてその結果勝てるだろうと予測していたのです。

この年のオークスの1番人気は地方競馬の笠松から挑戦していたライデンリーダー。2番人気はイブキニュースター。ダンスパートナーは3番人気でした。不思議でしたね。勝てるのになぜダンスパートナーは1番人気じゃないのかと思ったくらいです。

3枠で5番。スッとスタートできてまず第一関門はクリア。けれど無理して前のほうには行かなかった。中団よりやや後方、馬群のすぐ後ろにつけました。ヤングエブロスが一頭すごい勢いでレースを引っ張っていました。2番手がかなり離れてライデンリーダー。イブキニュースターが5、6番手と人気馬は前のほうにいました。

残り800メートルでヤングエブロスが力尽きてライデンリーダーが先頭に立つと、各馬かなり動きが激しくなったのですが、ダンスパートナーはじっと我慢。直線に出ればどうせ馬群がばらけるのはわかっていたので追い出しのタイミングを待ちました。最後は確実に伸びるとわかっていたので僕には余裕がありました。外に出して直線半ば手前から追い出すとどんどん前を走る馬たちを追い抜いて、残り200メートルで先頭の馬に並びかけ、ワンダーパヒュームを連れてコースのど真ん中に躍り出ました。追いすがるワンダーパヒュームをかわして先頭に立つと追い込んできたユウキビバーチェに1馬身4分の3差をつけて先頭でゴールイン。イメージ通りのレースで勝てたので何度もガッツポーズが出ました。思っていた通り、いやそれ以上に強い馬だと再確認しましたね。

56回

第56回　オークス（GＩ）㊗　（3歳オープン　定量・芝2400㍍　良）

1	❸⑤	ダンスパートナー	55	武　豊	2.26.7		420	－4	③	栗東	白　井
2	❽⑯	ユウキビバーチェ	55	松永幹	2.27.0	1¾	462	0	⑤	栗東	新　井
3	❺⑨	ワンダーパヒューム	55	田　原	2.27.3	1¾	468	－4	⑦	栗東	領　家
4	❻⑪	オトメノイノリ	55	安田富	2.27.5	1¼	418	＋2	⑫	美浦	尾形充
5	❽⑰	プライムステージ	55	岡　部	2.27.7	1	420	0	④	栗東	伊藤雄
6	❹⑦	イブキニュースター	55	藤　田	2.27.9	1	454	＋2	②	栗東	橋　口
7	❶②	エイユーギャル	55	四　位	2.28.0	½	450	0	⑬	栗東	古　川
8	❹⑧	アラマサキャップ	55	横山典	2.28.1	½	442	＋2	⑩	美浦	阿　部
9	❺⑩	ツキノロマン	55	田中勝	2.28.3	1¼	444	－2	⑥	美浦	河　野
10	❼⑮	ジョウノカオルコ	55	蛯名正	2.28.4	¾	452	＋4	⑪	栗東	森
11	❼⑬	エイシンサンサン	55	岸	2.28.5	½	418	－14	⑮	栗東	坂口正則
12	❻⑫	スターライトマリー	55	小島貞	2.28.6	首	420	－8	⑨	栗東	鶴　留
13	❶①	ライデンリーダー	55	安藤勝	2.28.8	1½	440	－8	①	笠松	荒　川
14	❷④	ジョージビューティ	55	南　井	2.28.8	首	430	0	⑧	栗東	伊藤修
15	❼⑭	マキシムシャレード	55	菊沢仁	2.30.6	大	432	－4	⑱	栗東	清水久
16	❽⑱	ウエスタンドリーム	55	的　場	2.32.3	大	434	－4	⑭	美浦	柴田欣
17	❸⑥	キタサンサイレンス	55	西　浦	2.33.7	9	438	－8	⑰	栗東	野　元
18	❷③	ヤングエブロス	55	上　村	2.45.7	大	450	0	⑯	栗東	柳　田

単⑤460円複⑤170円⑯310円⑨420円　枠連❸－❽950円④　馬連⑤－⑯1980円⑤　（1995年5月21日、東京）
決め手＝直一気　上がり＝48.4－36.1
ラップ＝12.6－10.7－11.5－12.1－12.1－12.6－13.6－13.1－12.3－12.6－11.4－12.1
二角③―――①⑥④⑦⑰（⑩⑮）（⑪⑱）（②⑯）❺（⑨⑭）⑬⑫⑧
三角③（①⑥）④（⑦⑰）（⑮⑯）⑩⑪（②❺）⑨（⑫⑱）（⑭⑬）⑧
四角④①（⑦⑰）⑯（⑩⑪）（⑥⑮）（②⑨❺）（⑫⑬）－⑧⑭⑱―――③

オークスはダンスパートナーにとって最高の舞台だったと思います。

その夏、ダンスパートナーはフランスに遠征しました。

9月に行われる3歳牝馬のチャンピオン決定戦・ヴェルメイユ賞を目指すことになったのです。

何年か前から僕は夏になると、よくフランスに行っていました。すでにフランスではGIも勝っていました。ムーランドロンシャン賞というレースをスキーパラダイスという馬で。なので、ダンスパートナーが遠征するにあたって、レベル的に通用するかどうかという質問をよく受けました。

正直に言ってどうなんだろうな、わからないなあ、と思っていましたね。日本でレースをするのと違って遠い国まで出かけていくわけだし、環境も急に変わるし、コースとかレース展開とか、何から何まで違うことだらけの中で戦うわけですから、不確定な要素が多すぎて、簡単に答えられる質問ではなかったのです。ただ、僕が今まで乗った中でもレベル的には相当高い牝馬だったので、この馬で全然駄目だったらちょっとショックだなとは思っていました。

ダンスパートナーが入厩したのはシャンティーのコリン・バルブ厩舎でした。環境に慣れるのは早かったようです。精神的にタフなんでしょうね。フランスに行って会ったときも環境が変わったことなど気にもしていないようでした。ひょうひょうとしていました。この馬は担当厩務員の村田さんにすごく似ているんです。顔も性格も。いっつも頭を下げてとぼとぼやる気がなさそうに歩いてる。それを見ると「あのふたり似てるなあ」って思っていた。この厩務員さんは、僕に初めてダービーを勝たせてくれたスペシャルウィークの担当もした人です。すごくのんびりした性格だから、サンデーサイレンス産駒の気性の荒いところが癒されて、よかったのかもしれませんね。

ダンスパートナーは不思議な性格なんですよ。環境の変化に動じないといっても、肝っ玉がすわっているとかそういう感じではないんです。なんだかほんとにやる気のない馬なんです。よく言えば無駄な力を使わないということになるのかもしれないけれど。牝馬というのはだいたい繊細な馬が多いから、カリカリしたりテンションがあがりすぎたりするのをなんとか防ごうと、そっちを気にするけれど、ダンスパートナーはそういう心配がまるでなかった。だからいいんですけどね。珍しいタイプだなあと思っていました。調教だってあまり走りませんでしたから。

この馬はとても2着が多いでしょう。スタートで出遅れて自分でレースをつくれないから、展開に左右されて最後は届かないというのも理由のひとつだったのですが、もうひとつは先頭に立ちたがらないという性格のせいでもあったと思うんです。最後になると走るのをやめちゃうというか、やる気がないから他の馬を押しのけて先頭に立とうっていう性格じゃ全然ない。だから2着が多かったですね。ときどき先頭に立ちたがらない馬というのはいるんですが、ダンスパートナーもそうでしたね。

ヴェルメイユ賞へのステップレースとして、ドーヴィル競馬場のGⅢ・ノネット賞に出走したときもそう。出遅れずにぽんと出て4頭だての2番手でずっとインコース

ノネット賞（GⅢ）

（1995年８月27日　仏・ドーヴィル　３歳牝　定量・芝2000㍍　良）

1	①	マティアラ	58 F・ヘッド	2.11.3	①	仏国	ヘッド
2	④	ダンスパートナー	58 武豊	鼻	③	日本	白井
3	③	ガーデンローズ	58 D・ブフ	鼻	④	仏国	バリー
4	②	エンジェルインマイハート	58 C・アスムッセン	3	②	仏国	ハモンド

単①2.0倍複①1.2倍④1.4倍；連単①－④9.0倍

を走っていたんですが、フラフラフラフラしてね、惜しかったです。なんていうか内で競り合ってても最小限しか行かないんですよ。だから並んでいる馬はかわしてるんですが、タイミングの差で外から来たマティアラというGIホースに10センチ負けてしまった。

たとえば、これだけ行けってゴーサインを出したらビューンと行ってしまう馬と、行けって言った分しか行かない馬と、行けって言っても行かない馬といるとするでしょ。ダンスパートナーはほんとにこれだけ行けって言ったらこれだけしか行かないのです。それ以上は絶対行かない。指示に忠実というより、やる気がない、としか思えないです。勝てたレースだったかもしれないなあ、もっと違う乗り方をすればよかったのかもしれない、と今は思ったりもしますが、あの性格は不思議ですよね。

本番のヴェルメイユ賞のときは、調子がよくなかったですね。同じ厩舎にカーリングという本命馬がいたせいでライバル視されて、あまりいい扱いを受けなかったという話も聞きましたが、とにかくガリガリにやせてしまって、乗った感じもよくなかったです。それにさすがGIレースだけあってとても厳しい競馬になりました。ダンスパートナーは出遅れて10頭だての後ろから2頭目に取り残されたし、馬群にとりつい

ヴェルメイユ賞

（1995年９月10日　仏・ロンシャン　ＧⅠ、３歳牝　定量・芝2400㍍　重）

1	❶	⑥	カーリング	58	T・テュリエ	2.32.8	⑤	仏国	バルブ
2	❼	③	ヴァレイオブゴールド	58	T・ジャルネ	1	⑥	仏国	ファーブル
3	❹	②	ラローシャ	58	L・デットーリ	短首	③	英国	クマニ
4	❸	⑤	マティアラ	58	F・ヘッド	短首	②	仏国	ヘッド
5	❿	⑨	ムンシー	58	O・ペリエ	短頭	④	仏国	ファーブル
6	❷	⑩	ダンスパートナー	58	武豊	¾	①	日本	白井
7	❺	⑦	ファンジカ	58	P・エデリー	短頭	⑨	英国	ダンロップ
8	❻	①	プリヴィティ	58	D・ブフ	短首	⑧	仏国	バリー
9	❾	⑧	ムセッタ	58	B・ドイル	6	⑩	英国	ブリテン
10	❽	④	カランバ	58	M・ロバーツ	頭	⑦	英国	ハノン

単⑥7.6倍複⑥2.0倍③2.9倍②2.2倍；連単③－⑥32.6倍

た後はがっちりと外をかためられてしまって行き場をなくすような感じで最後までスムーズにレースができなかった。結果は6着だったんですが、勝ったカーリングからは2馬身ちょっとしか離されていなかったから、やっぱり走るな、日本の馬も全然大丈夫、ヨーロッパで通用するよ、と思いました。これは大きな収穫だったと思います。

フランスから戻ってきて、菊花賞に挑戦したのですが、1番人気に支持されて5着。牡馬相手によくがんばったのではないでしょうか。なんといっても海外遠征から戻ってきて2カ月なかったですから、ダンスパートナーのタフさがよくわかったと思います。次の年も牡馬相手のレースで善戦しましたから、やはり実力は相当なものだったのです。

今ではサンデーサイレンス産駒に乗ることも多いのですが、ダンスパートナーは僕が最初に出会ったサンデーサイレンス産駒の強い牝馬。だからダンスパートナーに乗ったことはその後とても参考になっています。

というのも、当時はダンスパートナーのことを珍しいタイプだなと思っていたのですが、ダンスパートナーのようなタイプのサンデー産駒というのはやはりいるのです。

やる気がないというかいつもはくったらくったらしてるわりに、レースは強いというタイプです。そういう馬は集中力があまりないというか、走る気があまりないというか、スタートからゴールまでまじめに走ることなんてないわけです。どうせスタートから気を抜いて走るのなら、気を抜かせて走らせるようにする。そしてなるべく集中させる時間を短くするんです。たとえば直線にかけるとかね。

これは逆に言うと、一瞬の集中力はすごいということなのです。集中したらものすごい爆発力を持っている。だから気を抜いて道中走って先頭から離されたとしても、それを補えるくらいの力を出すわけです。そして勝つ。サンデーサイレンス産駒の勝つひとつのパターンだと思います。こういうレースは気持ちいいし好きです。だけど出遅れはいけません。直線一気もいいけれど、やっぱりスタートの上手なほうがいい。

ダンスパートナーには途中から乗っていないのですが、長く活躍したし、牡馬相手にもがんばっていたし、4歳でもＧⅠのエリザベス女王杯をきちんと勝っていてすごい馬だなと思います。

けれどやっぱり最高だったのはオークスですね。デビュー4戦目で1勝馬だったたにもかかわらず、僕にあれだけ自信を持たせてくれた。いろんなくせはありましたが、最後の伸びは誰にも負けなかったからでしょう。でもオークスでも先頭に立つとあっさり止まろうとしていましたからね。ほんとうに興味深い、おもしろい馬でした。

乗り手を離れて考えてみると、ダンスパートナーはタフな牝馬の代名詞的な強さを持った馬だったと思います。強靭な精神力を持っていたのではないでしょうか。3年間の現役生活の間ずっと故障も病気もせず、ほんとうに健気に一線級でがんばり続けた。あの体で見上げた根性です。タフな名牝といえばダンスパートナーのこと。それは間違いないでしょう。

コラム4

牝馬はあてになりません

牝馬を乗りこなすのはむずかしいと思います。

なぜかというと、どこかあてにならないところがある。

いくらいちばん強い牝馬に乗っていても、大丈夫かなあ、という気持ちにさせられるんです。牡馬でいちばん強い馬に乗っているときはそういうふうにはあまり思わないのですが、牝馬の場合は常にスタートするまで大丈夫かなあ、大丈夫かなあと思って心配ですね。

たとえば本命馬でクラシックレースに乗るんだったら、僕は牡馬のクラシックのほうがいいなあ。桜花賞やオークスの1番人気なんていうのは、いやあ、あてにならないですよ。実際にどうかはわからないけれど、僕はそう感じます。

だから人気のない馬、実力の落ちる馬で出るときでも、桜花賞やオークスの場合は「よし、

1994年８月米アーリントン（右下も）

負かせるかもしれないぞ」と思って乗りますね。たとえ大本命の馬がいても、相手は牝馬だからわからない。その日まったく走らないかもしれないですから。

僕もいろいろと不可解な経験をしてきましたからね、牝馬というのはむずかしいですよ。

だから反対に、思い通りに走ってくれて勝てたときは、牡馬で勝ったときよりうれしかったりするのです。爽快です。

2001年５月ロンシャン・仏1000ギニーの日

第五章

エアグルーヴ

牡馬もひれふす平成一の名牝

エアグルーヴの血統

牝 鹿毛 1993年4月6日生 早来産 馬主＝㈱ラッキーフィールド 調教師＝栗東・伊藤雄二 生産者＝社台ファーム

*トニービン TONY BIN 鹿毛 1983 (アイルランド)	*カンパラ KAMPALA 黒鹿毛 1976（英）	KALAMOUN
		STATE PENSION
	SEVERN BRIDGE 栗毛 1965	HORNBEAM
		PRIDDY FAIR
ダイナカール 鹿毛 1980	*ノーザンテースト NORTHERN TASTE 栗毛 1971（カナダ）	NORTHERN DANCER
		LADY VICTORIA
	シャダイフェザー 鹿毛 1973	*ガーサント GUERSANT（仏）
		*パロクサイド

エアグルーヴの全成績

開催日	場所	レース名	距離回り	重量	騎手	頭数	馬番	人気	着順	タイム	着差	ペース	上り	向	三	四	走り方	体重	着時計	1(2)着馬名
1995.7.8	札幌	混・新馬	1200右良	53	武豊	9	4	1	2	1.12.1	首	H	36.6	6	7	3	好伸る	460	1.12.1	マイネルランサム
7.30	札幌	指・新馬	1200右稍	53	武豊	7	3	1	①	1.12.0	5	M	36.4	1	1	1	楽逃切	458	1.12.8	ダイワテキサス
10.29	東京	いちょ OP 混指	1600左良	53	武豊	11	1	1	①	1.35.8	1	M	36.0	2	2	4	G 不利	458	1.36.0	マウンテンストーン
12.3	阪神	阪神3歳混牝指	1600右良	53	ｷﾈｰﾝ	11	9	3	2	1.35.4	½	S	34.1	2	2	2	先伸る	456	1.35.3	ビワハイジ
1996.3.2	阪神	チューリッ牝指	1600右稍	54	ﾍﾟﾘｴ	14	5	2	①	1.34.2	5	H	35.0	5	5	3	直抜出	452	1.35.0	ビワハイジ
5.26	東京	オークス牝指	2400左良	55	武豊	18	15	1	①	2.29.1	1½	S	34.8	6	4	4	直抜出	460	2.29.3	ファイトガリバー
10.20	京都	秋華賞混指	2000右良	55	武豊	18	17	1	10	1.59.8	10	H	37.3	7	10	10	中伸ず	470	1.58.1	ファビラスラフィン
1997.6.22	阪神	マーメイ混牝指	2000右稍	56	武豊	13	13	1	①	2.02.6	¾	M	36.5	5	5	2	直抜出	476	2.02.7	シングライクトーク
8.17	札幌	札幌記念混指	2000右良	55	武豊	13	7	1	①	2.00.2	2½	M	35.5	6	8	4	中鋭伸	470	2.00.6	エリモシック
10.26	東京	天皇賞（秋）指	2000左良	56	武豊	16	12	2	①	1.59.0	首	H	34.7	6	7	7	直競勝	478	1.59.0	バブルガムフェロー
11.23	東京	ジャパン C 指国	2400左良	55	武豊	14	9	2	2	2.25.8	首	S	34.8	4	4	3	直競負	472	2.25.8	ピルサドスキー
12.21	中山	有馬記念混指	2500右良	55	ﾍﾟﾘｴ	16	12	2	3	2.34.9	¼	M	37.4	5	3	2	直一先	470	2.34.8	シルクジャスティス
1998.4.5	阪神	産経大阪杯混指	2000右良	57	武豊	9	2	1	①	2.01.3	¾	S	34.2	4	3	2	好鋭伸	470	2.01.4	メジロドーベル
6.21	阪神	鳴尾記念国	2000右不	57	武豊	14	9	1	2	2.04.1	3	M	37.1	10	8	2	中伸る	470	2.03.6	サンライズフラッブ
7.12	阪神	宝塚記念指国	2200右良	56	武豊	13	5	3	3	2.12.1	1	H	35.1	6	8	7	G 強襲	476	2.11.9	サイレンススズカ
8.23	札幌	札幌記念混指	2000右良	58	武豊	12	4	1	①	1.59.5	3	M	34.2	5	5	2	中鋭伸	474	2.00.0	サイレントハンター
11.15	京都	エリザベ混牝指	2200右良	56	横山典	14	3	1	3	2.13.1	2	S	33.8	6	3	3	好伸も	478	2.12.8	メジロドーベル
11.29	東京	ジャパン C 指国	2400左良	55	横山典	15	1	2	2	2.26.3	2½	S	35.1	4	5	4	好伸る	472	2.25.9	エルコンドルパサー
12.27	中山	有馬記念混指	2500右良	54	武豊	16	3	2	5	2.32.9	4¾	M	36.0	7	6	6	S 不利	468	2.32.1	グラスワンダー

エアグルーヴは秋の天皇賞を制した名牝中の名牝。

僕の戦友と呼べる馬でした。

いい馬がいるから頼むよ。

エアグルーヴは2歳の夏に札幌の新馬戦でデビューしたのですが、そう伊藤雄二調教師に言われたのは、それよりかなり前でした。5月にはオーナーの吉原毎文さんからも頼まれましたしね。ほんとに早くに乗ることが決まっていたのです。

伊藤雄二厩舎の馬には新馬戦からよく乗せてもらうのですが、早くから「いついつぐらいにおろすから予定していてくれよ」と先生がおっしゃるのはかなりの期待馬だと思って間違いないですね。そういう馬はだいたい走ります。

エアグルーヴもそういう馬の一頭でした。

とにかく伊藤調教師のエアグルーヴへの惚れ込みようは、今や伝説になっているほどです。なんといっても生まれた翌日に牧場で初めて出会って、一目惚れした馬なのですから。このとき「男だったらダービー馬やけどな」と場長に向かって言ったという。これももはや伝説です。

エアグルーヴは2歳の5月に入厩し、僕は調教にも乗りました。最初ぱっと見た感じはどことといって特徴はなかったと思います。

新馬戦は7月でした。負けて2着だったのが予定外のできごとでしたね。スタートで出遅れて少し届かなかった。勝って札幌3歳ステークス（現札幌2歳ステークス）に進むことを決めていたんですが、負けたのでしかたなく折り返しの新馬戦に出走し、逃げ切りました。2着以下に5馬身差の圧勝でした。このときのタイムは、結局出るつもりだった3歳ステークスと同じだったので、高い評価を得ました。

レースではほんとにいい動きをする馬でした。この時期の馬としては特別にしっかりしていましたね。気性は、ふだんはおとなしいのですが、競馬のときはカッとなることがありました。デビュー戦でもなぜかゲートの中で暴れてそれで出遅れたんです。それまでの練習ではそういうところはなかったんですが。しかし初戦を走り終えた段階で、いやあこれは走るなあ、いい馬に乗れたなあと思いました。先が楽しみでわくわくしましたね。

10月、3戦目に府中でいちょうステークスというレースを勝っているのですが、このときはゴール前でよれた馬に前をカットされて急ブレーキをかけなくてはならなくなって、いったん止まったような形になって僕も立ち上がりかけたんです。ところが態勢を立て直すとグルーヴはそこからまたぐいぐい伸びて勝った。絶対ふつうの馬にはできないようなことです。もうみんなその根性にびっくりしました。これも今では伝説になっているレースのひとつです。

3歳になってチューリップ賞を楽勝して、さあ桜花賞という4日前に熱を出して、レースは回避。ショックで、ほんとうに残念でした。エアグルーヴ自身は体は丈夫だったのですが、その当時風邪がトレセンで流行っていたんです。牡馬でダンスインザダークという僕のお手馬も熱発して、皐月賞を回避。僕は2週続けてGⅠに出られなくてアンラッキーでした。おまえが菌をばらまいてるんちゃうか、なんて冗談を言われたくらいです。

とにかく出られなければしかたない。すぐに目標をオークスに切り替えました。本番前にトライアルを使おうか、という話も出たんですが、先生（伊藤雄二調教師）も僕もぶっつけで大丈夫じゃないかという意見で、けっきょく間にレースを使わないでオークスに臨むことになりました。

そのとき僕が思っていたのは、何もアクシデントがなければエアグルーヴはオークスを勝つだろうな、ということです。なぜか自信がありました。熱が下がってから調子はよくなっていたし、実際オークスはとにかく強いレースをしました。

15番枠からいいスタートを切って、好位置4、5番手をキープ。超スローペースだったのですが、折り合いを欠くこともなく終始外を通って最後もいい伸びで、桜花賞馬のファイトガリバーが大外から来たらまた伸びて完勝でしたね。

このときは引いた枠も外だったし、自信があったので、少々距離を多く走ることになっても、不利に巻き込まれないような外側を走らせる安全策をとりました。実際、直線でノースサンデーという馬が斜行して数頭が不利を受けていますから、この策もこの日はうまく当たったと思います。とにかく競馬のしやすい馬で、レース中は素直に言うことをよくきくので、ペースが遅いのも気にならなかったし、乗っていて楽しかった。

エアグルーヴの母のダイナカールもオークス馬で、母と娘二代制覇でもあったのです。これは文章でさらっと書くとたいしたことがないように思われるかもしれませんが、実際達成しようとすれば不可能に近い快挙です。今年（２００３年）僕がオーク

第57回　オークス　（ＧＩ）㊣牝

（３歳オープン　定量・芝2400㍍　良）

1	❼⑮エアグルーヴ	55	武　豊	2.29.1		460	＋8	①	栗東	伊藤雄
2	❶①ファイトガリバー	55	田　原	2.29.3	1½	474	＋4	④	栗東	中尾謙
3	❽⑱リトルオードリー	55	佐藤哲	2.29.4	首	438	＋8	⑧	栗東	小林稔
4	❻⑫ロゼカラー	55	藤　田	2.29.4	鼻	416	＋2	⑦	栗東	橋　口
5	❹⑦マックスロゼ	55	柴田善	2.29.7	2	478	＋4	⑨	栗東	伊藤雄
6	❽⑯エリモシック	55	河内洋	2.29.7	首	448	＋6	②	栗東	沖
7	❽⑰チアズダンサー	55	塩　村	2.29.8	½	476	＋6	⑰	栗東	山　内
8	❺⑩キハク	55	中　舘	2.30.0	1	446	＋2	⑮	美浦	秋　山
9	❼⑬トウカイジャスパー	55	幸	2.30.0	頭	448	＋10	⑫	栗東	松元省
10	❸⑤シーズグレイス	55	蛯名正	2.30.2	1½	458	－2	⑪	栗東	森
11	❹⑧ウエスタンスキャン	55	安田富	2.30.3	首	484	＋2	⑭	美浦	石毛善衛
12	❸⑥ノースサンデー	55	横山典	2.29.6	降着	448	0	⑥	栗東	松田博
13	❷④マークリマニッシュ	55	橋本広	2.30.3	頭	430	－2	⑯	栗東	坪　憲
14	❼⑭ナスケンエース	55	沢	2.30.5	1¼	432	＋8	⑱	美浦	鈴木康
15	❺⑨ナナヨーストーム	55	石　橋	2.30.5	鼻	470	＋2	③	栗東	吉永猛
16	❷③カネトシシェーバー	55	菅　谷	2.30.6	首	408	0	⑬	栗東	菅　谷
17	❻⑪メイショウヤエガキ	55	岡　部	2.30.7	¾	452	0	⑤	栗東	伊藤雄
18	❶②ハダシノメガミ	55	四　位	2.31.8	7	456	＋2	⑩	栗東	古　川

単⑮250円複⑮160円①270円⑱580円　枠連❶－❼1250円⑤　馬連①－⑮1480円④　（1996年５月26日、東京）
決め手＝直抜出　前半４ﾊﾛﾝ＝49.7（Ｓ）　上がり＝46.9－35.0
ラップ＝13.0－11.0－12.8－12.9－13.4－13.0－13.3－12.8－11.9－11.7－11.6－11.7
二角⑥（③⑧）⑩④（②⑦⓯）（⑫⑨⑰）（⑭⑪）（⑤⑱）⑯①⑬
三角⑥（⑧⑩）（③⓯）（④⑨⑰）（②⑦）⑪⑫（⑱⑯）（⑭⑤）（①⑬）
四角⑥（⑧⑩）（③④⓯）（②⑨⑰）（⑫⑦）（⑪⑯）（⑭⑱⑤①）――⑬

スで騎乗したエアグルーヴの娘のアドマイヤグルーヴが優勝していたらおばあちゃん↓娘↓孫と三代制覇という大記録だったのですが、残念ながらその記録は達成できませんでした。自信はなくはなかったのですが残念です。でもすばらしい牝系には間違いありません。

オークスの後、夏休みをとって秋華賞に出走したエアグルーヴは、パドックからパニック状態で返し馬でもおさまらず、レースでは4コーナー手前からムチをいれなくてはならなくなり、なぜか10着と惨敗してしまいました。パドックでカメラのフラッシュに驚いたのが原因でいれ込み始めたのですが、もっと悪いことにレース後、右前脚の骨折が判明して大ニュースになりました。これでエアグルーヴは長期の休養に入りました。骨折が治って、レースに出られるようになったのはそれから8カ月後です。

4歳になって休養から戻ってきたエアグルーヴは、初戦のマーメイドステークスを勝ち、札幌記念に出走します。

エアグルーヴは2、3歳のときにそれほど無理をしていませんし、長い間休養していたので夏休みをとるという予定はなくて、次は札幌記念というのは決まっていました。調子もよかったですし。伊藤雄二調教師が札幌記念出走を決めたのはひとつのテストみたいなものだったのです。もしここでいいレースができたら、天皇賞挑戦を考えようやないかと言っていらっしゃいました。つまり牝馬相手にどこまでやれるか見てみようって。

マーメイドステークスは牝馬限定のレースで、乗ってみて改めてやはりこの馬は強いな、と思ったのですが、札幌記念ではさらにそれを思い知らされることになりました。レースはいつものように好位につけ外めをマイペースで追走し、いい手応えで直線に向くとゴーサインに応えてあっという間に前を差し切って、2着に2馬身半差をつける楽勝でした。

レースが終わって戻ってきたとき、待っていた伊藤先生が「天皇賞に行こうか」とおっしゃったので「はい」って答えました。「やれるでしょう」と。

ちょうど僕には天皇賞で乗る馬がいなかったのです。お手馬だったマーベラスサンデーが休養中で、エアグルーヴかあ、いい馬で出られるなあって思いましたね。

エアグルーヴが出ることになって、前年に3歳で天皇賞を勝ったディフェンディングチャンピオンのバブルガムフェローも出走するし、このレースはものすごく盛り上

第33回　札幌記念　（GⅡ）㊗

（3歳上オープン　別定・芝2000㍍　良）

1	❺⑦エアグルーヴ	55	武　豊	2.00.2		470	−6	①	栗東	伊藤雄
2	❶①エリモシック	54	的　場	2.00.6	2½	462	＋6	④	栗東	沖
3	❻⑨アロハドリーム	56	加　藤	2.00.7	首	472	＋6	③	美浦	岩　城
4	❹④ジェニュイン	59	岡　部	2.00.7	首	502	＋8	②	美浦	松　山
5	❹⑤メジロスズマル	56	田面木	2.01.2	3	464	−2	⑥	栗東	大久保正
6	❻⑧オースミレパード	56	菊沢仁	2.01.4	1¼	506	＋2	⑫	栗東	清水久
7	❼⑩ケイエスミラー	54	松永幹	2.01.7	1¾	474	−6	⑬	栗東	高橋成
8	❷②ザフォリア	56	熊　沢	2.01.7	首	484	−4	⑦	栗東	池　江
9	❺⑥オースミマックス	56	菊沢徳	2.02.0	2	486	0	⑧	栗東	白　井
10	❼⑪ウインドフィールズ	56	佐藤哲	2.02.1	首	480	＋12	⑨	美浦	谷　原
11	❽⑫アドマイヤラピス	54	上　村	2.02.2	½	452	0	⑩	栗東	橋　田
12	❸③ナリタキングオー	56	藤　田	2.02.4	1¼	490	＋6	⑤	栗東	中尾謙
13	❽⑬レインボークイーン	54	本　田	2.04.2	大	476	＋10	⑪	栗東	星　川

単⑦180円複⑦110円①220円⑨140円　枠連❶−❺1170円④　馬連①−⑦1160円④　（1997年8月17日、札幌）
決め手＝中鋭伸　前半4ハロン＝47.4（M）　上がり＝48.4−36.1
ラップ＝12.6−10.7−11.8−12.3−12.2−12.2−12.3−12.2−12.0−11.9
二角⑪⑤⑬（②⑥）（⑨❼）（③⑫）④①⑧⑩
三角（⑪⑤）（②⑥⑬）⑨③❼④（①⑫）⑧⑩
四角（⑪⑤⑨）❼（②⑥）（③④）（①⑧）⑫⑬⑩

がりました。観衆は15万5０００人。バブルガムフェローが断然の1番人気でした。エアグルーヴは単勝4倍の少し離れた2番人気。確かにバブルガムフェローは強い馬ですが、僕は人気の差ほど実力的に差はないのじゃないかと思っていました。それは札幌記念がすごく強かったことと、体がとてもしっかりしてきて、調子もさらによかったからです。

体重も3歳時に比べれば18キロも増えていたのですが、重量感が増してどっしりとしただけでなく、芯がしっかりしてきた。たのもしい体になっていたのです。

ただパドックではすごくよくなかったですね。僕はパドックで乗れなくて地下馬道で乗って、最後に1頭だけ残って馬場入場させてもらいました。本馬場入場がエアグルーヴの弱点で、他の馬と一緒にできない。暴れるんですね。なぜなのかな。ゲート内でもデビュー戦以来まったく問題ない馬なのですけれど。娘のアドマイヤグルーヴにもそういうところは遺伝しています。ただ返し馬に行くとなんでもなかったかのように落ち着くんです。ほんとうに馬場入場のあそこだけが嫌いだったみたい。秋華賞のときは大パニックになってしまって、ちょっとかわいそうでした。だから天皇賞の日は特別気をつけましたね。古馬になってからはだいぶましになっていたのですが、けっこう緊張感がありましたよ、エアグルーヴの本馬場入場は。ドキドキするくらい。だって落とされたりしたら大変です。放馬してしまったらそれまでの苦労が水の泡ですからね。

まあこの日はそうして最後に1頭で入場して、返し馬に行ったら落ち着いてくれました。相手はバブルガムフェローだろうなとは思っていました。マークしようとかそういう作戦はたてていなかったんですが、どうせ向こうが先に行くことになるだろうなと予想はたてていました。バブルガムフェローが7番枠でエアグルーヴが12番枠だったのでそれを見ながら走るには枠順はちょうどいい感じだなと思っていました。

レースはサイレンススズカのすごい逃げで始まりました。1000メートル通過58秒台です。まああの超スピード馬にとっては自然なことなんですが、おかげでハイペースになりました。

よどみのない強い馬しか勝てない流れになった。バブルガムフェローはサイレンススズカからはかなり離れたイナズマタカオーの後ろで3番手。エアグルーヴは中団の外を走っていました。

4コーナーをまわってサイレンススズカが先頭で、バブルガムフェローのほうが動いて先頭を狙って進出し始めたとき、エアグルーヴはその外側ですぐ後ろまで迫っていました。

この馬はけっこういい脚を長く使えるタイプです。そう書いてしまうとよくある言い方になってしまうのですが、そうではなくて踏ん張る馬なのです。どんな馬でもサーッて伸びるでしょ、1回。で、力尽きるとバタバタになるんですが、エアグルーヴは力尽きてもがんばる馬なんです。だから、残り200メートルを過ぎて余力のなくなったサイレンススズカをバブルガムフェローが抜いて先頭に立とうとする直前、早めにどーんとかわしちゃったのです。かわしてしまえば絶対踏ん張ってくれると思っていたから。ゴール前でさっとかわすっていうパターンは全然頭になかったですね。直線に向いたら勢いつけてポーンと行っちゃおうと思っていたんです。だからあそこはもう一気に行ったら思い通りに走ってくれてバブルガムフェローをかわせました。さすがにバブルガムフェローも強い馬でしぶとく追いすがってきたけれど、けっきょくかわしてからは一度も前に出させていません。差し返されてはいない。一騎討ちで長い叩き合いになりましたが、エアグルーヴの手応えが抜群だったからこのまま押し切れると思いましたね。着差はわずかに首でしたが、エアグルーヴが勝った。すごい

第116回　天皇賞（秋）（ＧＩ）　（３歳上オープン　定量・芝2000㍍　良）

1	❻⑫エアグルーヴ	56	武　豊	1.59.0		478	＋8	②	栗東	伊藤雄
2	❹⑦バブルガムフェロー	58	岡　部	1.59.0	首	486	＋6	①	美浦	藤　沢
3	❶①ジェニュイン	58	田中勝	1.59.9	5	498	＋6	③	美浦	松　山
4	❶②ロイヤルタッチ	58	蛯名正	1.59.9	鼻	454	＋6	⑥	栗東	伊藤雄
5	❹⑧グルメフロンティア	58	加　藤	1.59.9	首	530	＋4	⑮	美浦	田中清
6	❺⑨サイレンススズカ	56	河　内	2.00.0	首	440	＋2	④	栗東	橋　田
7	❷③マイネルブリッジ	58	藤　原	2.00.2	1½	510	－4	⑪	美浦	伊藤正
8	❷④イナズマタカオー	58	中　舘	2.00.2	首	450	－4	⑭	栗東	音　無
9	❺⑩ユウトウセイ	58	四　位	2.00.3	首	452	－6	⑦	栗東	田中章
10	❻⑪シンカイウン	58	南　井	2.00.3	首	454	＋2	⑤	栗東	二　分
11	❽⑮ローゼンカバリー	58	横山典	2.00.3	頭	480	0	⑩	美浦	鈴木康
12	❸⑥ヤシマソブリン	58	坂　井	2.00.5	¾	468	0	⑨	美浦	松　山
13	❼⑬クラウンシチー	58	後　藤	2.00.6	¾	494	＋2	⑯	美浦	奥　平
14	❸⑤ホウエイコスモス	58	吉　田	2.01.3	4	456	＋4	⑬	栗東	宮
15	❼⑭キングオブダイヤ	58	柴田善	2.01.4	½	472	＋2	⑧	美浦	清水利
16	❽⑯エムアイブラン	58	小　池	2.01.7	1¾	452	0	⑫	栗東	伊藤修

単⑫400円複⑫130円⑦100円①180円　枠連❹－❻250円①　馬連⑦－⑫290円①　（1997年10月26日、東京）
決め手＝中鋭伸　前半４ハロン＝46.5（Ｈ）　上がり＝48.4－36.0
ラップ＝13.0－10.9－11.2－11.4－12.0－12.1－12.4－12.4－12.0－11.6
二角⑨———④⑦⑥⑧（①②⓬⑮）（⑤⑭）⑪（③⑯）⑩⑬
三角⑨———④⑦（⑧⑮）⑥⓬（①②⑭）⑪（③⑤⑬⑯）⑩
四角⑨——④⑦（⑥⑮）⑧（①②⓬）⑭（③⑪⑬）（⑤⑩）⑯

レースで、強い勝ち方でした。

じつは僕としては違う意味でもうれしかったのです。というのはその叩き合いが一流のものの集まりだったから。当時調教師といえば西の伊藤雄二、東の藤沢和雄でしょ。ジョッキーは東のトップが岡部幸雄さんで西が僕。最強牡馬がバブルガムフェローで最強牝馬がエアグルーヴ。まるで絵にかいたような典型的なトップ争いだったのですから、叩き合っていてなぜかこう、うれしいっていう気持ちになりましたね。強い馬が強い競馬を見せる。それができてなおかつ勝てるなんて最高の気分でした。

だからジャパンカップは惜しかった。

天皇賞を勝って引き続き調子もよかったし、エアグルーヴもがんばったのですが、負けて2着になってしまいました。このレースは9番枠からいいスタートを切ったのですが、なかなか先頭に行く馬がいなくてスローペースになったので、先行しました。4番手で追走、勝ったピルサドスキーは中団のインにいたと思います。エアグルーヴは4番手で直線に向き先頭に立ったのですが、ちょうどそのときにばてたツクバシンフォニーが後退したため、エアグルーヴの内がぽっかりあいてしまった。ちょうどそこにエアグルーヴの直後で行き場を無くしていたピルサドスキーがすっと来てしまったのでした。エアグルーヴは一瞬のうちにインからかわされる形になって、そこから必死で差し返そうと最後まで追いに追い続けたのですが、首差及びませんでした。

レース後ピルサドスキーに騎乗していたマイケル・キネーンがラッキーなレースだったとコメントしているように、ちょっとピルサドスキーには楽なレースをさせてしまいましたね。しかも彼はエアグルーヴに阪神3歳ステークス（現阪神ジュベナイルフィリーズ）で乗ったことがあったからこの馬の強さも知っていましたし。それにしても、ピルサドスキーの行こうとするところ行こうとするところ、こんなにうまくいくものかというくらいみんなあいていってますからねえ。それが競馬なんだけれど、悔しいレースです。やり直したい。

でも考えてみればピルサドスキーは当時のヨーロッパでは一、二を争う名馬ですから、それにあそこまで迫ったエアグルーヴはすごいと思います。ジャパンカップでもすごい踏ん張りをみせています。もう限界に来ているのに止まらない。そこがこの馬のすごいところなんです。だから乗っている僕もガンバレガンバレって追う。前がいるときはつかまえてくれ、と思うし、後ろから来てるときはがんばって踏ん張ってくれと思う。エアグルーヴはそういうふうに僕が思って追うと「じゃあがんばる！」っ

第17回　ジャパンカップ（ＧＩ）㊟（3歳上オープン　定量・芝2400㍍　良）

1	❸③ピルサドスキー	57	キネーン	2.25.8		502		③	英国	スタウト
2	❻⑨エアグルーヴ	55	武　豊	2.25.8	首	472	－6	②	栗東	伊藤雄
3	❽⑬バブルガムフェロー	57	岡　部	2.26.0	1¼	490	＋4	①	美浦	藤　沢
4	❼⑫カイタノ	55	スターク	2.26.1	首	460		⑥	独国	シュッツ
5	❶①シルクジャスティス	55	藤　田	2.26.2	首	466	＋4	④	栗東	大久保正
6	❽⑭アスタラバド	55	モッセ	2.26.2	頭	482		⑦	仏国	ロワイエ
7	❺⑦ツクバシンフォニー	57	吉　田	2.26.3	½	484	－6	⑫	美浦	伊藤正
8	❻⑩オスカーシンドラー	57	アスムッセン	2.26.8	3	510		⑤	愛国	プレンダー
9	❺⑧ローゼンカバリー	57	横山典	2.26.9	½	480	0	⑬	美浦	鈴木康
10	❸④モンズ	57	リード	2.27.0	½	442		⑩	英国	クマーニ
11	❹⑤ロイヤルタッチ	57	蛯名正	2.27.1	½	456	＋2	⑧	栗東	伊藤雄
12	❹⑥エボニーグローブ	57	ダ　イ	2.27.4	2	508		⑨	豪州	ロジャーソン
13	❷②スノーエンデバー	55	中　舘	2.27.6	1½	486	0	⑭	栗東	森
14	❼⑪タイキフォーチュン	57	柴田善	2.28.3	4	492	－6	⑪	美浦	高橋祥

単③460円複③160円⑨140円⑬140円　枠連❸－❻570円①　馬連③－⑨860円①　（1997年11月23日、東京）
決め手＝直競勝　前半4ハロン＝48.4（Ｓ）　上がり＝47.4－35.1
ラップ＝12.8－11.4－12.1－12.1－12.4－12.5－12.6－12.5－12.3－12.1－11.4－11.6
二角⑦（④⑪）（⑨⑬）②（⑤⑩）（❸⑫⑭）①―⑥―⑧
三角⑦⑪④⑨（❸②⑬）⑤（⑫⑩）（⑥⑭）①―⑧
四角⑦⑪（④⑨）⑬（❸②）（⑤⑩）（⑥⑫⑭）⑧①

てほんとに踏ん張る。理想的な競走馬です。ほんとうに競走能力は高かったと思います。

エアグルーヴは2、3、4歳とよかったのですが、5歳ではそれほどよくありませんでした。産経大阪杯は勝ちましたが、鳴尾記念（2着）とか宝塚記念（3着）とか、あまり調子はよくなかったです。エアグルーヴらしさがなくて、いわゆる「お母さん気分」が入ってきたのかなあと思ったりしました。だから札幌記念を勝ったときはうれしかったです。

すごく強かったので、ああやっぱり元のエアグルーヴが戻ってきてくれたんだと思いました。もしかしたら秋もこのままいってくれるかなあという期待もしました。

エリザベス女王杯もジャパンカップも騎乗停止中で僕は乗れなかったのですが、見ていてやはり前年のできはないなあと思いました。

ラストランの有馬記念はスタート直後につまずいて落鉄してしまって、運も悪かったし、レースはうまくいったのですが5着。やはり乗ってみて調子がほんものではないなと思いました。

エアグルーヴは4歳の夏から秋が絶好調だったと思います。札幌記念、秋の天皇賞、ジャパンカップ。どのレースも強かった。牝馬で天皇賞を勝つんですからたいしたもんですよ。それも真っ向勝負で快勝ですから。負けたバブルガムフェローや藤沢調教師、関係者は悔しかったでしょうね。

そういう意味ではエアグルーヴは僕の中の牝馬に対する考えを変えた馬だと言えるでしょう。3歳戦や短距離戦ではけっこう牡馬を負かす牝馬っていますが、実際にエアグルーヴに出会うまで、中・長距離では牝馬は牡馬にはかなわないと思っていたし、牝馬が天皇賞を勝つなんてイメージさえなくて、牝馬で長距離の古馬のGⅠを勝とうなんて考えたこともありませんでした。けれどエアグルーヴのように牝馬でもほんとうに強い馬なら勝てるんだということがわかったのです。考えてみれば、僕自身秋の天皇賞は勝つ自信があったほどですから。それにこのくらい強ければ、何もエリザベス女王杯を目標にするのではなくて、エアグルーヴのように牡馬と渡り合っていくという生き方もあるんだということを示してくれたのも大きいですね。

だからといって乗り味が牡馬みたいだったわけではありません。牝馬らしい馬でした。乗り味はよかったです。すごく頭のいい利口な馬で、その上レースではジョッキーに忠実でした。行けと言えば行ける、待てと言えば待てる。ちょっと元気がよくて行きたがる面も若干あるけれど、ひっかかるほどじゃないからほんとに動かしやすかったです。それに何度も言うようですが、おしまいまで踏ん張るところがすごい。普通の感覚でいくともうばてるはずなのにばてない。だから強かったんでしょう。頭が下がる根性でした。とにかくしっかりしていました。欠点といえば馬場入場が嫌いなことぐらいで、ファンも多かったし、当時いちばん人気があったんじゃないでしょうか。特に女性には人気のあった馬ですね。

それに母としても成功しそうです。初仔のアドマイヤグルーヴも3歳春の時点でまだ大きなところは勝っていませんが、能力はめちゃくちゃありますからね。同じころの母に比べるとかなり子供っぽいけれど、ここがだめだというのがわかっているから、そういう課題をクリアしていければ、いいところを勝てるなと思っています。

さすがに娘だけあってエアグルーヴによく似ています。似ているのですが、エアグルーヴはもっとパワフルでしっかりしていました。もちろん彼女が特別だったのでしょう。なんといっても僕の牝馬に対する考え方を変えた馬ですから、間違いなく現時点では平成一の名牝だと思います。じゅうぶんがんばったなあと今でも思いますし、なかなかそういうふうに思える馬っていないものです。ほんと、よくがんばった名馬です。

コラム5
思い出の牝馬たち

デビューして15年になるので、ずいぶんいろんな牝馬に乗ってきました。好きだった牝馬はときどきなつかしく思い出します。

GIには乗っていないけれど、ノースフライトはすごく素直でいい馬でした。好きなタイプで、強いなあ、きっとGIを勝つんだろうなあと思いましたね。ちゃんと後にGIを勝つのですが、見ていてああやっぱり強かったんだと納得しました。

父（武邦彦）の厩舎にいたショウリノメガミも大好きでした。直線一気が得意で、個性的なコで、ああいう馬も僕は好きですねえ。父の厩舎だったので、騎乗を任せてもらえて、自由に乗れたのもよかった。いつも思い切った騎乗をさせてもらっていました。

乗ったことのない馬で乗ってみたいと思いながら見ていた馬もいます。

1994年８月米アーリントン・ミリオン

2002年5月クランジ・シンガポールICの日

たとえばシスタートウショウ。強そうだったから乗ってみたかったですね。あとはダートのホクトベガ。いつもあれだけちぎって勝っていたので、どんなに強いんだろう、と興味がありました。

乗ってみたいと思っていた馬に乗れたこともあります。

スティンガーです。

この馬は牝馬同士だと強いのですが、牡馬混合のレースではなかなか結果を出せずにいました。いいところまでくるから力はあるんだろうなと思って見ていたんです。一度乗ってみたいと思っていたら、騎乗依頼があって、調教師の方から乗り方に関してはなんの指示もなかったので、考えました。レースはGⅡの京王杯スプリングカップだったんですが、GⅠ並みの強豪が18頭ずらっと揃っていました。だから5番人気。枠もあまり有利とはいえない17番枠からのスタートでした。

　このレース、僕はスティンガーを最後方につけたんです。どうせハイペースになるだろうし、切れ味を生かすため、直線勝負にかけてみようと。4コーナー回ったときもまだ1頭かわしただけで、直線大外に持ち出して追いました。そうしたら予想以上のすごい切れ味を見せてくれましたね。上がり33秒2かな。あれは気持ちよかったですよ。直線だけで16頭かわして2着のブラックホークに1馬身4分の3差をつける完勝でした。

　スティンガーの京王杯はすごく印象に残っています。この日初めて乗ったのに思い通りに動いてくれたことがうれしかったのかな。

第六章
シーキングザパール
日本馬初の海外ＧＩ制覇

シーキングザパールの血統

牝鹿毛1994年4月16日生　米国産95年11月8日来日　馬主＝植中昌子　調教師＝栗東・佐々木晶三・森秀行　生産者＝LAZY LANE STABLES INC.

SEEKING THE GOLD 鹿毛　1985（米）	MR. PROSPECTOR 鹿毛　1970（米）	RAISE A NATIVE
		GOLD DIGGER
	CON GAME 黒鹿毛　1974（米）	BUCKPASSER
		BROADWAY
*ページプルーフ PAGE PROOF 黒鹿毛　1988（米）	SEATTLE SLEW 黒鹿毛　1974（米）	BOLD REASONING
		MY CHARMER
	*バーブスボールド BARB'S BOLD 黒鹿毛　1978（米）	BOLD FORBES
		GOOFED

シーキングザパールの全成績

開催日	場所	レース名	距離回り	重量	騎手	頭数	馬番	人気	着順	タイム	着差	ペース	上り	向	三	四	走り方	体重	着時計	1(2)着馬名
1996.7.20	小倉	混・新馬	1200右良	53	武豊	8	5	1	①	1.09.7	7	H	35.4	1	1	1	楽逃切	468	1.10.8	テンザンオスズ
9.1	中山	新潟3歳S混指	1200右良	53	武豊	12	12	2	3	1.10.8	3¼	H	36.4	11	9	8	S不利	470	1.10.3	パーソナリティワン
10.19	京都	デ杯3歳S混指	1400右良	53	武豊	16	2	1	①	1.21.3	5	H	35.3	2	2	1	先楽勝	474	1.22.1	メジロブライト
12.1	阪神	阪神3歳混牝指	1600右良	53	武豊	10	1	1	4	1.35.3	4½	H	37.6	3	3	3	好一杯	474	1.34.6	メジロドーベル
1997.1.15	京都	シンザン記混指	1600右良	54	武豊	12	11	1	①	1.34.6	3	H	36.5	7	7	1	中鋭伸	466	1.35.1	ホッコービューティ
3.15	中山	フラワー混牝指	1800右稍	53	武豊	15	6	1	①	1.51.6	1¾	S	36.5	11	8	6	中鋭伸	462	1.51.9	ホッコービューティ
4.20	東京	ニュージラ混指	1400左良	54	武豊	18	16	1	①	1.21.1	1½	H	34.1		15	18	直一気	458	1.21.3	ブレーブテンダー
5.11	東京	NHK マイ混指	1600左良	55	武豊	18	13	1	①	1.33.1	1¾	M	34.3	6	6	5	好鋭伸	456	1.33.4	ブレーブテンダー
9.21	阪神	ローズS混牝指	2000右良	54	武豊	11	7	1	3	2.01.9	2¼	S	35.3	8	4	4	後伸も	468	2.01.6	キョウエイマーチ
1998.4.26	京都	シルクロー混指	1200右良	56	武豊	12	1	4	①	1.08.6	首	H	34.6		8	7	直内伸	466	1.08.6	マサラッキ
5.24	中京	高松宮記念混指	1200左稍	55	武豊	16	5	1	4	1.09.3	1¼	M	35.2	4	5	3	好一杯	468	1.09.1	シンコウフォレスト
6.14	東京	安田記念指国	1600左不	56	武豊	17	14	4	10	1.39.2	10	H	38.7	10	7	6	中一杯	466	1.37.5	タイキシャトル
8.9	仏国	モーリスド	1300右良	56.5	武豊	12	3	5	①	1.14.7	1						先抜出	−	1.14.9	ジムアンドニック
9.6	仏国	Mロンシャ	1600右不	56.5	武豊	7	2	4	5	1.42.9	12	M		1	1	1	逃一杯	−	1.40.9	デザートプリンス
11.22	京都	マイルCS指国	1600右良	55	河内	13	4	2	8	1.34.3	6	H	37.2	5	3	2	追上退	472	1.33.3	タイキシャトル
12.20	中山	スプリンタ指国	1200右良	55	武豊	15	3	2	2	1.08.6	頭	H	34.8	15	15	11	G強襲	458	1.08.6	マイネルラヴ
1999.1.23	米国	サンタモニカ牝	1400左良	55	武豊	8	5	6	4	1.22.7	4			6	5	4	中伸も	−	1.22.0	ストップトラフィック
5.23	中京	高松宮記念混指	1200左良	55	武豊	16	2	1	2	1.08.2	1¼	H	34.4	6	5	4	中伸る	472	1.08.0	マサラッキ
6.13	東京	安田記念指国	1600左良	56	武豊	14	11	3	3	1.33.7	2½	M	35.3	13	12	10	後伸も	466	1.33.3	エアジハード
10.2	米国	ノーブルダムゼル牝	1600左稍	55.8	ヴェラ	8	2	1	4	1.34.5	5¼									クンバーメラ
10.17	米国	ローレルダッシュ牝	1200左良	51.3	ロペス	10	9	1	7	1.12.87	4½									グレイプショット

シーキングザパールは、日本競馬史上、最初に海外GIレースを勝った日本調教馬です。乗っていた僕にとっても一生忘れられない馬になることでしょう。

しかしむずかしい馬でした。気むずかしかった。レースのパターンがいくつもあるのはそのせいです。苦労しました。

シーキングザパールのデビュー戦は2歳の7月でした。すごい馬でした。すんなりスタートして先頭に立つとスピードの違いで楽々と2着馬に7馬身差をつけ、新馬勝ち。このときは先頭に立てたのでなんの問題もなかったし、とにかく強いなと思いました。

気性の悪いところを見せたのは2戦目の新潟3歳ステークス（現新潟2歳ステークス）です。これは中山競馬場で行われた芝の1200メートル戦だったのですが、好スタートを切ったとたん、外ラチのほうに向かって飛んで行ってしまった。乗っていた僕は驚いて落とされそうになりました。それでもなんとか態勢を立て直して直線だけで追い上げて3着には来たのですが、いったい何が原因だったのかわからなくて、変なところがあるなあ、ちょっと普通のいいコではないな、と思いましたね。

ところが3戦目のデイリー杯3歳ステークス（現2歳）ではそんなおかしなところ

をまったく見せず、2番手からあっさり抜け出して2着馬に5馬身差をつける圧勝でした。タイムも芝の1400メートルで1分21秒3のレコードで、牡馬も全然問題にしませんでしたし、16頭の多頭数でも大丈夫でした。

それなのに次の阪神3歳牝馬ステークス（現阪神ジュベナイルフィリーズ）ではまた気むずかしさを出し、4着敗退。4コーナーまではごくふつうに走っていたのに突然手応えが悪くなって、これまた原因不明です。おかげで、すごい馬だという評価の他に、気性難、気まぐれ娘というレッテルも貼られてしまいました。

年があけて3歳の春。成績的には完璧な時期でした。

1月のシンザン記念は中団やや後方から直線で外をまくって完勝。3月のフラワーカップは後方で脚をため、徐々に進出して後続をおさえ、初の連勝を飾ります。続く4月のニュージーランドトロフィー4歳ステークス（現ニュージーランドトロフィー3歳ステークス）も1番人気にこたえて勝ちました。後方につけて直線勝負で全馬ごぼう抜きの派手なレース。精神的に少し大人になったのか、走ることに集中できるようになってきたようでした。

シンザン記念の後、オーナーの意向で佐々木晶三厩舎から森秀行厩舎に転厩しているのですが、その環境の変化にもあまり動じなかったようです。とにかく体調のいいまま、5月のGIレースNHKマイルカップを迎えることになりました。

NHKマイルカップは3歳馬によるマイル王決定戦で、当時クラシックには出走権のなかった外国産馬が出ることのできた、唯一のGIレースでした。シーキングザパールはアメリカ生まれで外国産馬のため、桜花賞やオークスに出ることはできなかったのです。したがってこれまでお話ししてきた牝馬たちとは違い、春の大目標は、このNHKマイルカップでした。

NHKマイルカップは牡馬も牝馬も一緒に走るレースです。考えてみればきびしいですが、選択肢がないために、けっきょく牡馬にまじって戦いを重ねていくことで強い外国産の牝馬がつくられるのかもしれないですね。以前にもヒシアマゾンという強い牝馬がいましたが、この馬も外国産馬で、ずっと牡馬と渡り合ってきた馬でした。シーキングザパールも桜花賞やオークスに出られない、その代わりに男のコたちにもまれて強くなっていったのかもしれません。

この日は良馬場。前のフラワーカップのとき、勝ちはしましたが稍重(やや)の馬場でのめ

第2回　NHKマイルカップ（GⅠ）㊗混

（3歳オープン　定量・芝1600メートル　良）

1	❼⑬シーキングザパール	55	武　豊	1.33.1		456	－2	①	栗東	森
2	❼⑭ブレーブテンダー	57	松永幹	1.33.4	1¾	460	0	②	栗東	池　江
3	❻⑫ショウナンナンバー	57	吉　田	1.33.4	首	470	2	⑭	美浦	大久保洋
4	❽⑯ヒコーキグモ	57	蛯名正	1.33.4	頭	478	－6	⑨	栗東	谷　潔
5	❸⑤オースミジェット	57	福　永	1.33.5	½	484	0	⑫	栗東	白　井
6	❽⑱パーソナリティワン	57	大　西	1.33.6	¾	446	－6	⑬	美浦	久　恒
7	❽⑰パームシャドウ	57	岡　部	1.33.8	1	506	－8	④	美浦	藤　沢
8	❸⑥スーパーナカヤマ	57	的　場	1.33.9	¾	496	＋6	⑦	美浦	小西一
9	❻⑪シルクマスタング	57	久保田	1.34.0	½	496	＋2	⑮	栗東	田所秀
10	❼⑮ワシントンカラー	57	柴田善	1.34.0	首	480	－4	⑧	美浦	松　山
11	❶①キタサンフドー	57	高橋亮	1.34.1	首	480	－6	⑯	栗東	橋　口
12	❺⑩ペイストリーシェフ	57	小　野	1.34.1	首	460	－2	⑪	美浦	柴田人
13	❺⑨マイネルマックス	57	佐藤哲	1.34.2	½	460	0	③	栗東	中村均
14	❹⑧ロイヤルブルー	57	郷　原	1.34.4	1¼	470	0	⑱	美浦	郷　原
15	❶②オープニングテーマ	57	小　池	1.34.7	2	470	－6	⑤	栗東	太　宰
16	❷④タイキギャラクシー	57	後　藤	1.35.3	3½	474	－2	⑩	美浦	国　枝
17	❷③ホッコービューティ	55	熊　沢	1.35.5	1½	456	－8	⑥	栗東	橋　本
18	❹⑦ダイワアンジェラ	55	江田照	1.35.7	1¼	502	－8	⑰	美浦	増　沢

単⑬200円複⑬120円⑭130円⑫900円　枠連❼－❼320円①　馬連⑬－⑭380円①　（1997年5月11日、東京）
決め手＝好鋭伸　前半4ハロン＝46.6（M）　上がり＝46.5－34.9
ラップ＝12.4－11.1－11.5－11.6－11.6－11.9－11.1－11.9
二角⑰（⑯⑱）（⑥⑦）（②⑭⓭）⑨（⑤⑮）（④⑩）③⑫（⑧⑪）①
三角⑰⑯（⑥⑦⑱）（②⑤⓭⑭）（③④⑩⑮）⑨（⑧⑪⑫）－①
四角（⑰⑯）（⑥⑱）（②⑦⓭⑭）（⑤⑩⑮）（③④）（⑧⑪⑫⑨）－①

っていて、悪い馬場は苦手らしいとわかっていたので、ほっとしました。3連勝で勢いのあるシーキングザパールは単勝2倍の圧倒的1番人気を背負っていましたからね。レースは18頭だての13番枠からスタート。いいスタートを切ったので、いつもより前のほうにつけて走らせました。平均ペースで前のほうがいいと思ったからです。4コーナーを5番手でまわると早めに先頭に立ち、追いすがる2番人気のブレーブテンダーを突き放して、最終的には1馬身4分の3差をつけてゴールイン。4連勝で初のGIタイトルを手にし、3歳マイル女王の名をつかみました。

この日のシーキングザパールは強かったです。僕はほとんど特別なことは何もせず乗っていただけ。今後どのくらい強くなるのか楽しみだなと思いました。森調教師は、秋華賞で同世代の牝馬と勝負してから、香港に遠征したいという計画を持っているようでした。

ところが夏休みが終わり、秋の最初のレース、ローズステークスで3着に敗退。道中ずっとかかり気味で最後は失速という負け方でした。距離は芝の2000メートルだったので、距離のせいかなとも思ったし、少々不安を持ったことは確かです。

けれどももっと悪いことに、本番の秋華賞の前に喉頭蓋（こうとうがい）エントラップメントという喉の奇病にかかってしまったのです。もちろん秋華賞はキャンセル。手術をして休養することになりました。そしてけっきょく休養は6カ月にも及びました。

復帰したのは4歳の春です。

初戦には4月のスプリントのGⅢシルクロードステークスが選ばれました。久しぶりのレースで僕も半信半疑でした。4番人気という微妙な数字もファンの気持ちをよく表していたと思います。また距離も1200メートルで、マイル女王のこの馬には少し短いのではないかと思う人も多かったようです。スプリントにはスプリントのスペシャリストがたくさんいますからね。

しかしそんな心配は無用でした。12頭だての1番枠から機嫌よくスタートしたシーキングザパールは、ずっと馬なりのままハイペースを後方から追走。徐々に押し上げて4コーナーを回ると、インから伸びてマサラッキとシンコウフォレストの牡馬2頭を一気にかわしゴールイン。あざやかな勝ちっぷりでした。ここで下したのは後の高松宮記念（一九九九年）の覇者マサラッキやNHKマイルカップのタイトルホルダーでこの年（一九九八年）の高松宮記念優勝馬・シンコウフォレスト、桜花賞（一九九九七年）馬のキョウエイマーチなど。GⅢとはいえなかなか骨のあるメンバーで、今まで同世代の馬としか戦ったことのなかったシーキングザパールの強さが古馬相手にも通用するものだと再確認できたことが最大の収穫だったと思います。

しかし、この後の春のGⅠ戦線は運がありませんでした。

高松宮記念がやや重、安田記念は不良馬場。重い馬場を不得意とするシーキングザパールに出番はなかった。雨はこの馬にとってたったひとつの泣きどころでした。いいところなく惨敗したシーキングザパールは女王の座から滑り落ちかかっていました。

森調教師が次に選んだレースが、フランスのドーヴィル競馬場で行われるモーリスドギース賞です。

僕は夏はドーヴィルによく行っていたのでこのレースの存在を知っていたのですが、GⅠになったばかりで日本ではほとんど知られていなかったようです。距離は芝1300メートル。直線のレースです。森先生はよくこんなレースを見つけ出したものだと感心します。日本人はよく名の知られたビッグレースを狙うのがふつうでしたから。

しかもシーキングザパールはフランスで走るというのに、イギリスのニューマーケットに滞在していました。ニューマーケットには栗東トレセンとよく似た坂路調教コースがあったからです。これも今までの常識では考えられないことでした。でも考えてみればイギリスの馬はフランスで走るときみんな海を越えるのだから、無茶な方法ではありません。ただなかなか気がつかないやり方だなとは思いました。

ドーヴィルにはドーバー海峡を船で渡り、カレーから車でやってきました。着いたのはレースの3日前でした。この夏、フランスは猛暑で、レース当日も気温は40度くらい。涼しかったニューマーケットとは大違いで、日陰の馬房を探して入れてもらったそうです。

とにかく暑かったですね。つまり馬場はパンパンの良馬場で、シーキングザパールにとってこれは願ってもないことでした。

出走馬は12頭で、シーキングザパールは8番ゼッケンをつけていました。日本では装鞍で待たされ、パドックで長時間お客さんの中をぐるぐる回らされるため、いつもこの馬はいれ込んでチャカチャカし始めるのですが、フランスではさーっと回ったらパドックはおしまいだし、お願いしたら本馬場入場も先に1頭やらせてもらえて、ぶらぶらスタート地点まで歩いて行けた。そういうことがすべてこの馬にとってはよかったですね。

3番枠からのスタートだったのですが、いつものように作戦らしい作戦は立てていませんでした。ただフランスの競馬というのはガンガン最初から飛ばしていかないということはわかっていたから、それにあわせることはないかなとは考えていましたというよりスピードが違うので先に行ってしまうんじゃないかなあと思って。だから逃げようとは思っていなかったけれど、逃げることは頭にありました。

この馬は折り合いひとつで結果が決まるようなところがあるし、2、3番手につけて途中で前の馬をかわして先頭に立つと物見をしてフワフワするくせもあるし、それならハナきったほうがいいかなとも思ったり。

それでスタートしたらうまく誰も横に並んでこなかった。左に2頭いて、右にも馬群ができて、シーキングザパールは真ん中の馬群の先頭でした。手応えもよかったし機嫌よく走っていたし、内心しめしめって思いましたね。途中からこれ、勝つかもしれないぞと思い始め、残り300くらいで追い出したらぐんぐん伸びて、勝つなって思いました。そしてほんとに勝ってしまった。

モーリスドギース賞（GⅠ）

（1998年8月9日　仏・ドーヴィル、3歳上、定量・芝1300㍍　良）

着順	馬名	性齢	生産	調教	重量	騎手	タイム着差
①	シーキングザパール	牝4	米	日	56.5	武豊	1.14.7
②	ジムアンドトニック	騸4	仏	仏	58	G・モッセ	1
③	マッチー	牡4	英	英	58	M・ロバーツ	1
④	ディームダイアモンド	牡4	愛	仏	58	D・ブフ	1
⑤	デインタイム	牡4	愛	英	58	W・ライアン	首
⑥	カハール	牡4	英	英	58	L・デットーリ	¾
⑦	ケオス	牡4	米	仏	58	C・アスムッセン	1
⑧	パドゥレポンス	牝4	米	仏	56.5	O・ドールズ	¾
⑨	グラジア	牝3	英	英	54.5	G・ダフィールド	2½
⑩	ハイール	牡3	米	仏	56	T・ジャルネ	2½
⑪	ロワジロンド	牡3	愛	仏	56	O・ペリエ	—
⑫	トンバ	牡4	英	英	58	M・デビュット	—

【注】ロワジロンド、トンバの着差は不明

うれしかったですよ、ほんとうに。何より最初に日本馬海外ＧＩ制覇を達成できたことがうれしかった。僕は海外にけっこう乗りに行っていたから、やっぱり自分以外の誰かがぽんと勝つのはちょっとつらい、勝つなら自分が勝ちたいなというのがあったからです。それに1週後には、絶対に勝つようなタイキシャトルが控えていたわけだから、勝つならここしかなかったし。

日本からの報道陣も次の週のタイキシャトルに備えてたから、この日は少なかったんです。勝ってから向こうの人に聞かれて、僕、もうふきまくりましたよ。来週来るタイキシャトルはシーキングザパールなんか比べものにならないほど強いって。そしたらその言葉がそのまま『パリチュルフ』（フランスの有名競馬新聞）に出た。でもそういうのを見ていて、シーキングザパールのほうが先に勝ったという事実はこの先永遠に変わらないと思うと、それがどんなに大きなことかというのがだんだんわかってきました。

しかしあっけないものです、勝つときは。僕は以前にもフランスでＧＩを勝ったことはあるんです。スキーパラダイスというフランスの牝馬でムーランドロンシャン賞というレースです。でもそのときとはうれしさがどこか違いました。僕が日本人だから、日本の馬で、日本人のスタッフで勝てたのは格別なうれしさだった。チームで喜びを分かち合えたところが全然違いました。

まあ外国の馬で勝つのもそれはそれでうれしくて、プロのジョッキーとしていい仕事ができたな、というのはあります。けれど日本の馬で勝った時は、なんだか日本の誇りを感じられるんです。相手にも日本の馬には負けたくないっていう意識があるだろうし、こっちは日本を代表している馬なんだという気持ちがあると違いますね。見に来てくれている日本のファンも「がんばれニッポン」みたいになっていたでしょ。

あと今までに日本の馬が何度も負けてきているっていうのが自分たちの心の中に悔しさとか情けなさとしてあるわけです。僕じゃなくても挑戦してきた馬がことごとく負けてきている。あのシンボリルドルフでさえ負けた。そういう悔しさも含めて、ひとつ借りを返してやったぞみたいな気持ちにもなったのかもしれません。

その夜は祝勝会で騒ぎました。僕のバレットをやってくれている金子君がビデオを撮っていてそれをその画面で再生して祝勝会のときにみんなで見たら、やっぱり「おーっ」て声が出ましたね。それなのにそのビデオをなくしちゃった。ちょうどホテルを移動しているときにないって気がついたので、ホテルに戻って探してもらったんですけれど、ありませんって言われた。靴下だったらあるけどだって……。

それと牡蠣（かき）。祝勝会で食べた牡蠣にあたって、金子君とふたりで猛暑の中、一晩中苦しみました。なんだかちょっとせつない思い出です。

その後ムーランドロンシャン賞にも挑戦したんですが不良馬場ということもあり、またマークもきつくて5着に敗れました。

帰国後、日本での2戦目のスプリンターズステークスは、負けはしたのですが、僕はシーキングザパールとしては完璧なレースができたんではないかと思っています。最後方でじっと脚をためて、直線で末脚を生かす競馬。タイキシャトルはかわしたけれど、マイネルラヴにやられてしまいました。このレースは思い描いていた通りに走らせることができたレースだったので、勝ちたかったです。

アメリカ遠征は4着。サンタモニカハンデに出走したのですが、GⅠだったし相手も強かったから健闘したと思います。絶好調ではなかったし、蹄鉄（ていてつ）も違った分、不利だった。

その後の高松宮記念2着と安田記念3着は惜しかったけれどよく走ったし、やっぱ

第32回　スプリンターズステークス（GⅠ） ㊞国際　（3歳上オープン　定量・芝1200㍍　良）

1	❺⑩	マイネルラヴ	55	吉　田	1.08.6		498	0	⑦	美浦	稲　葉
2	❷③	シーキングザパール	55	武　豊	1.08.6	頭	458	−14	②	栗東	森
3	❼⑬	タイキシャトル	57	岡　部	1.08.6	首	530	＋6	①	美浦	藤沢和
4	❹⑧	ワシントンカラー	57	柴田善	1.09.0	2½	508	＋4	③	美浦	松　山
5	❻⑪	セレクトグリーン	55	後　藤	1.09.3	1¾	514	＋2	⑭	栗東	音　無
6	❹⑦	フェイマスケイ	57	嶋　田	1.09.4	首	502	＋6	⑪	美浦	嶋田潤
7	❸⑥	エイシンガイモン	57	中　舘	1.09.5	½	464	0	⑫	栗東	加　用
8	❷④	マサラッキ	57	藤　田	1.09.7	1¼	484	0	⑥	栗東	増　本
9	❶①	ケイワンバイキング	57	横山典	1.09.8	首	460	＋8	⑨	美浦	奥　平
10	❽⑯	エイシンバーリン	55	熊　沢	1.09.9	¾	454	−4	⑤	栗東	坂口正則
11	❼⑭	シンコウフォレスト	57	四　位	1.10.1	1½	514	＋6	⑧	美浦	栗　田
12	❶②	スタープログラマー	57	菊沢徳	1.10.1	鼻	472	＋2	⑩	美浦	宗　像
13	❽⑮	ドージマムテキ	57	橋本広	1.10.4	1¾	496	0	⑮	栗東	森
14	❺⑨	トキオパーフェクト	55	田中勝	1.12.1	大	460	＋22	④	美浦	古賀史
15	❸⑤	エクボ	55	勝　浦	1.12.2	¾	458	＋4	⑬	美浦	佐々木亜
	❻⑫	ボルショイ	57	ロバーツ	（取消）					英国	ベリー

単⑩3760円複⑩350円③220円⑬110円　枠連❷－❺2930円⑨　馬連③－⑩15920円㉓　（1998年12月20日、中山）
決め手＝直競勝　前半4㌶＝44.6（H）　上がり＝46.6－35.7
ラップ＝11.7－10.3－10.9－11.7－11.9－12.1
二角⑯⑭（⑨⑬）⑪⑤（②❿）（⑧⑮）①④⑥⑦③
三角（⑭⑯）（⑤⑨⑪⑬）❿（⑧⑮）（①②④）（⑥⑦）③
四角（⑭⑯⑬❿）⑪（⑨①④⑧⑮）（②⑦③）（⑤⑥）

り強いなと改めて思いました。これを最後にシーキングザパールはアメリカに売却されてしまって、乗ることもかなわなくなりました。

シーキングザパールは気性がむずかしい馬だったけれど、乗り味は最高でした。もう少し聞き分けがよかったらなあ、とは思いますけれど、なしとげたことは歴史に残るのだからすごい名牝です。

僕は日本の馬がどんどん海外で走るのは賛成だし、今やヨーロッパやアジアでは日本の馬は大活躍しています。けれどアメリカとなると二の足を踏む人が多いですね。僕も連れて行ってくださいよ、と調教師に言うのですがなかなか行かない。やはりアメリカは過去にいいことがなかったから日本の馬は躊躇するんでしょうね。誰かが勇気を持って挑戦して勝てばそれできっと意識も変わるのだと思います。

そういう意味ではシーキングザパールがモーリスドギース賞を勝ったことはよかった。歴史を変えたのではないでしょうか。もちろんそれにタイキシャトルが続いて勝って、日本の競馬関係者は自信を持つことができ、それが今につながっている。今ヨーロッパ遠征の話題には事欠かなくなったくらいですから。たとえばあのときシーキングザパールが全然駄目で故障でもしていたら、森厩舎だって海外遠征に全然行かなくなってしまったかもしれない。

それともうひとつは、僕がずっと「日本の馬は絶対レベルが高いから、日本でふつうに重賞を勝つような馬は海外でGIを勝てるかもしれない」と言っていたことを、実際にシーキングザパールは証明してくれたところがうれしかった。ほんとうかなって信じてくれていなかった社台ファームの吉田照哉さんにも信用してもらえました。だからシーキングザパールのやったことはやっぱりすごいと思います。僕、あのままだとただのホラ吹きと思われていましたよ。

いや、ほんと。

コラム6

2002年の成績について

自分でもなんだか異常だなあと思うくらい、2002年はいい成績が残せました。最初骨折で休養があって、それから長期間フランスに行っていて、日本で乗っていた期間がすごく短いにもかかわらず、勝率（2割9分3厘）は過去にないくらいよかったですからね。リーディング（142勝）もとれたし、自分でも驚きです。

その他にもダービーも勝てたし、1日8勝という記録も出せた。骨折という不運もあったけれど、それを補って余りある結果が出せたと思います。

それで気がついたことがあるのです。

ふつう、怪我で長期休んだり、フランスに行きっぱなしだったりすると、いい馬にはあまり乗れないものだろうとみなさんは思っていらっしゃるはずです。僕もそう思っていたので

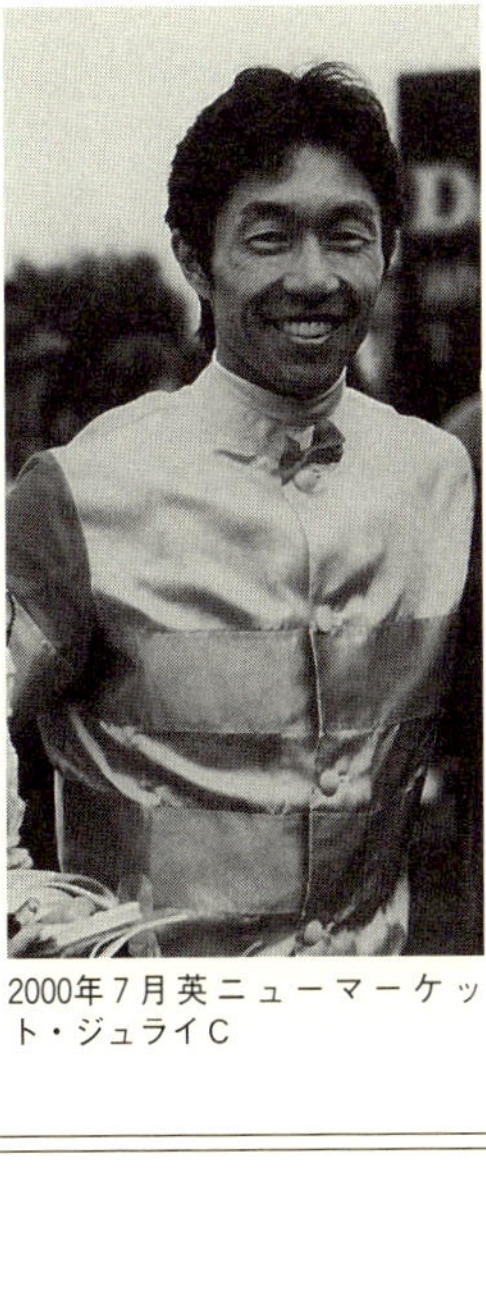

2000年7月英ニューマーケット・ジュライC

すが、実際はそうでもないのです。

　こうやって海外に行っていてたまに帰ってきたりすると、反対にいい馬に乗せてもらえるんですよ。なぜかなあ、と考えてみてハタと気がついた。

　日本人って、外国人が好きでしょ。外国人というか、ゲストが好きなんですね。だから僕もたまに日本に帰るとゲスト扱いされているわけです。だからやたらいい馬に乗せてもらえたんです。たまに1週だけ乗りに日本に帰ってきたことがありましたけれど、エーッていうくらいずらっといい馬がそろいましたからね。日本人のゲスト好きが原因だったんです。

　その証拠に今こうやってずっと日本にいると、もうみんないることに慣れちゃって、あんなにいい馬がずらっとそろうことはなくなりましたから。

　ほんと、日本人って不思議です。

第七章
ファレノプシス
小さな体で牝馬GI3勝

ファレノプシスの血統

牝 鹿毛 1995年4月4日生 新冠産 馬主=(有)ノースヒルズマネジメント 調教師=栗東・浜田光正 生産者=マエコウファーム

*ブライアンズタイム BRIAN'S TIME 黒鹿毛 1985(米)	ROBERTO 鹿毛 1969	HAIL TO REASON
		BRAMALEA
	KELLEY'S DAY 鹿毛 1977	GRAUSTARK
		GOLDEN TRAIL
*キャットクイル CATEQUIL 鹿毛 1990(加)	STORM CAT 鹿毛 1983	STORM BIRD
		TERLINGUA
	PACIFIC PRINCESS 鹿毛 1973	DAMASCUS
		FIJI

ファレノプシスの全成績

開催日	場所	レース名	距離回り	重量	騎手	頭数	馬番	人気	着順	タイム	着差	ペース	上り	向	三	四	走り方	体重	着時計	1(2)着馬名
1997.11.30	阪神	指・新馬	ダ1200右重	52	石山	9	6	1	①	1.11.5	9	M	36.0	3	2	2	先楽勝	424	1.13.0	ジュディアーバン
12.14	阪神	さざん500混指	1400右良	53	石山	15	15	1	①	1.22.6	2½	H	36.6	4	4	2	好抜出	428	1.23.0	アマートベン
1998.2.15	京都	エルフィＯＰ牝	1600右良	53	石山	15	4	1	①	1.36.6	1¼	H	36.7	6	5	1	4角先	422	1.36.8	マルカコマチ
3.7	阪神	チューリッ牝指	1600右良	54	石山	13	3	1	4	1.37.2	1½	S	34.8	8	8	8	直不利	414	1.36.9	ダンツシリウス
4.12	阪神	桜花賞牝指	1600右良	55	武豊	18	9	3	①	1.34.0	1¼	H	35.8	6	6	6	中鋭伸	424	1.34.2	ロンドンブリッジ
5.31	東京	オークス牝指	2400左良	55	武豊	18	16	1	3	2.28.4	1¾	S	34.8	14	11	10	後伸も	430	2.28.1	エリモエクセル
9.27	阪神	ローズS混牝指	2000右稍	54	武豊	11	5	1	①	2.04.4	首	S	36.5	2	2	2	二位抜	438	2.04.5	ビワグッドラック
10.25	京都	秋華賞混牝指	2000右良	55	武豊	18	14	2	①	2.02.4	1½	S	36.1	9	4	2	直抜出	436	2.02.6	ナリタルナパーク
1999.3.7	阪神	マイラーズ混指	1600右稍	56	松永幹	14	12	5	10	1.37.3	10	H	37.9	6	8	9	中位退	446	1.35.6	エガオヲミセテ
5.15	東京	京王杯ＳＣ指国	1400左良	56	武豊	18	6	6	5	1.20.7	1½	S	34.0		3	3	先行粘	434	1.20.5	グラスワンダー
8.22	札幌	札幌記念混指	2000右良	55	武豊	10	8	2	2	2.00.2	½	M	35.4	10	10	8	後伸る	440	2.00.1	セイウンスカイ
11.14	京都	エリザベ牝指国	2200右良	56	武豊	18	11	1	6	2.13.8	1½	S	35.0	7	7	7	直不利	442	2.13.5	メジロドーベル
12.26	中山	有馬記念混指	2500右良	55	蛯名	14	12	9	8	2.38.1	5	S	35.3	12	14	9	後漸進	442	2.37.2	グラスワンダー
2000.4.15	阪神	マイラーズ混指	1600右良	57	熊沢	18	8	5	10	1.35.3	5	H	36.7	12	12	13	中位伸	444	1.34.3	マイネルマックス
8.20	札幌	札幌記念混指	2000右良	55	松永幹	14	3	1	7	2.00.5	3¼	M	35.5	8	8	10	中漸進	448	1.59.9	ダイワカーリアン
11.12	京都	エリザベ牝指国	2200右良	56	松永幹	17	2	3	①	2.12.8	½	S	33.6	5	4	3	好鋭伸	440	2.12.9	フサイチエアデール

初めてファレノプシスに乗ったのは、桜花賞の前の調教のときでした。

この馬は2歳の11月にデビュー。新馬戦はレコードタイムを出し、2着に9馬身差をつける圧勝だったそうです。それから3連勝で桜花賞トライアルのチューリップ賞に出走し、初めて4着に敗退しています。ここまでの4戦に騎乗していたのは石山繁騎手でした。

その後です。浜田光正調教師（栗東）から電話をいただいて、騎乗依頼を受けたのは。いい馬が回ってきたなあ、と思ってうれしかったです。

ファンの中には、こういう騎手交代について、一種の非情さを感じられる人もいると思います。けれど、欧米ではこういうのはあたりまえです。おそらくレコードで新馬戦を勝った時点で代えられるのではないでしょうか。

その理由を説明しましょう。新馬戦で9馬身ちぎるレコード勝ちをするような馬はとても素質があるわけです。当然関係者は、大きなレースを目標にすることになります。大きなレースを狙っていくなら、大レースでの騎乗経験がない騎手より、経験豊富な騎手が乗ったほうがいいのは当然のことですから、その結果早めにそういう騎手にスイッチして大レースでも乗ってもらえるように確保する。どこでも有名騎手の数は限られていますから。

ファレノプシスの場合、石山騎手はデビュー3年目の若手で、まだ大レースでの騎乗経験がなかったので、関係者が経験豊富な僕を選んでくださったのでしょう。

もちろん石山騎手がそれまでに大きなレースに乗っていたりすれば、問題はなかったのかもしれないし、勝っていればもちろん桜花賞にも乗れたでしょう。けれど、トライアルのチューリップ賞ですでに経験不足からくるプレッシャーを感じていたようだと関係者に判断されてしまったのでしょうし、しかたがなかったかもしれませんね。

僕もデビューしたてのころは、大先輩が上にたくさんいて、勝っても負けても代えられるという経験をしてきました。代えられるのは自分より先輩騎手のほうが信頼されているからです。自分も信頼されたいと思ったら実績を積むしかないのですが、実績を積むといっても新人のころはそのチャンスさえもらえない。だからひたすら与えられた馬に全力投球していくしかないわけですね。

そうやって少しでも勝ち星を増やして、いい馬に乗せてもらえるチャンスが与えられるのを待って、幸運にも乗せてもらえたらそのチャンスを逃さないように、日々鍛えていないと前には進めないのです。

経験はプレッシャーを軽減してくれるものなので、とにかく若いジョッキーはチャンスをつかんだらそれをものにして経験を増やす、そして結果を出してみんなを納得させるしかありません。この後石山騎手もサイコーキララという馬でチャンスをつかんで桜花賞に出走しています。実際活躍しているジョッキーはみんなそうしてがんばって一段ずつ上に登ってきたでしょうし、僕もそうやってここまできたわけですから。

とにかく突然桜花賞前に騎乗が決まって、僕はファレノプシスに出会うことになったのでした。

この馬は三冠馬ナリタブライアンのおばさん（キャットクイル）にナリタブライアンの父と同じブライアンズタイムをかけて生まれた牝馬で、ナリタブライアンのほぼ4分の3兄弟という良血馬です。つまり配合の段階でナリタブライアンのような馬が生まれることを期待されていたわけでしょう。けれど生まれたのは牝馬で、体はとても小さく、虚弱体質だったようです。現役時代も、よく熱を出していましたし、古馬になってからは球節炎にも悩まされていました。見た目は黒っぽくてどことい って特徴のないほんとに目立たない馬でした。

追い切りに乗ったときも、小さい馬だな、たしかにいいものは持っているけれどうなんだろう、って思いました。ほんと、半信半疑で本番に臨んだのです。ただし、騎手交代で騒がれましたから、勝ちたいなという気持ちはありましたね。

ところがファレノプシスはレースに行くとすごく強い馬だったのです。

ファレノプシスというのは胡蝶蘭（こちょうらん）という意味で、パドックでは胡蝶蘭の刺繍がしてある白いメンコをつけていました。跨った感じで、状態はとてもいいなと思いました。

桜花賞は18頭だての9番枠。ちょうど真ん中の枠からスタートでした。1番人気がダンツシリウス、2番人気がエイダイクイン、そしてファレノプシスは3番人気。4番人気のロンドンブリッジという馬が快速馬で、先頭を切って逃げてレースはハイペースになりました。ファレノプシスは7番手あたりを追走です。前の内に人気のダンツシリウスとエイダイクインを見る最高のポジションでレースを進めました。

この日、コースは内のほうが芝の状態がよくて、他の馬がそちらに殺到するのはわかっていたので、4コーナーをまわって僕はファレノプシスを外のほうに持ち出しました。うんと外側はそれほど芝の状態が悪くないことはわかっていましたから。

そこからが強かった。ハイペースを追いかけた馬たちが力尽きて後退し、最内で逃

第58回桜花賞（ＧＩ）㊗　（３歳オープン　定量・芝1600㍍　良）

1	❺⑨	ファレノプシス	55	武　豊	1.34.0		424	＋10	③	栗東	浜　田
2	❼⑮	ロンドンブリッジ	55	松永幹	1.34.2	1¼	470	－8	④	栗東	中尾謙
3	❺⑩	エアデジャヴー	55	横山典	1.34.2	頭	424	－10	⑨	美浦	伊藤正
4	❽⑯	ロッチラヴウインク	55	角　田	1.34.2	首	446	＋6	⑦	栗東	田　島
5	❼⑭	マックスキャンドゥ	55	蛯　名	1.34.3	首	482	－4	⑤	栗東	伊藤雄
6	❷④	エイダイクイン	55	菊沢徳	1.34.6	2	428	－4	②	美浦	鈴木康
7	❸⑤	メイショウアヤメ	55	飯　田	1.34.7	½	412	－12	⑪	栗東	飯　田
8	❶①	ラティール	55	高橋亮	1.34.7	首	480	＋4	⑩	栗東	加藤敬
9	❼⑬	バプティスタ	55	岡　部	1.34.8	首	420	0	⑧	美浦	前　田
10	❻⑪	アインブライド	55	古川吉	1.34.8	首	430	－8	⑥	栗東	宮
11	❹⑧	ダンツシリウス	55	四　位	1.35.0	1	436	－4	①	栗東	山　内
12	❽⑱	アマートベン	55	武　幸	1.35.5	3	402	－4	⑬	美浦	鈴木康
13	❶②	オータムリーフ	55	石　橋	1.35.5	首	462	＋10	⑮	栗東	境　直
14	❻⑫	サイキョウザクラ	55	熊　沢	1.35.6	½	426	－4	⑯	栗東	坂口正大
15	❹⑦	オルカインパルス	55	藤　田	1.35.9	1¾	436	＋4	⑭	栗東	佐々木晶
16	❷③	ラヴラヴラヴ	55	佐　藤	1.36.3	2½	428	－2	⑫	栗東	飯　田
17	❸⑥	クリノオードリー	55	大　崎	1.36.6	1¾	406	＋2	⑰	栗東	橋　口
18	❽⑰	テイエムオーロラ	55	田島裕	1.36.9	2	436	0	⑱	栗東	福島勝

単⑨620円複⑨220円⑮290円⑩540円　枠連❺－❼920円④　馬連⑨－⑮2010円⑥　（1998年４月12日、阪神）
決め手＝中伸鋭　前半４ﾊﾛﾝ＝45.9（Ｈ）　上がり＝48.1－36.3
ラップ＝12.5－10.9－10.9－11.6－11.8－12.6－11.3－12.4
二角⑮（④⑧⑭⑯）（⑦❾）②⑤⑫⑰）（③⑩⑪⑬）⑥（①⑱）
三角⑮⑭⑯（④⑧）（⑦❾）（②⑤⑫）⑰（③⑬）（⑪⑱）（①⑩）－⑥
四角（⑮⑭）（④⑧⑯）（⑤❾⑫）⑦（②⑬⑪）－（①⑩⑰）（③⑱）⑥

げたロンドンブリッジがまだしぶとく残っていたのですが、ゴーサインを出すとファレノプシスはすごい瞬発力で、追い込む馬たちの中から力強く抜け出し、ゴール前できれいに全馬を抜き去ってあっという間に先頭に立って堂々とゴールインしました。

直線の半ばでまっすぐゴールを目指すファレノプシスを知って、これは勝てそうだ、思っていた以上に強い馬だなと思いました。競馬が上手な馬で、切れがあるのです。この桜花賞の走破タイム1分34秒0は桜花賞レコードにコンマ2秒と迫る歴代第2位の記録なのですが、1位は京都競馬場で行われたときのものなので、事実上、阪神競馬場での桜花賞レコード。やはりスピードがあることがわかります。

とにかく、初めて乗ったので手探りのレースでしたが、勝って責任を果たせてほっとしました。

オークスは3着。やはり距離が少し長かったのではないかと思っています。左回りもよくなかったようですし、ペースも遅くて。けれど正直言って、オークスはあまり自信がなかったですね。オークス馬という感じの馬だとは思っていなかった。本質的にはスピード馬なんじゃないかと感じていたからです。

ファレノプシスはその後、夏を無事越して、秋初戦のローズステークスも勝って、牝馬三冠の最後のレース秋華賞に出走しました。

距離が2000メートルの秋華賞は、馬の状態もよく、思い通りの競馬ができたレースです。18頭だての14番枠からスタートし、中団の外側につけたのですが、ペースが遅くて3コーナー手前からしかけていきました。4コーナーを2番手で回ると直線では逃げるエガオヲミセテをかわし、早々と先頭に立って後は力で押し切ったのです。この馬の強さを信じて乗ったレースで、会心の勝利でした。

桜花賞と秋華賞を制したから、この世代の牝馬では最強と言っていいと思います。この後、2年間勝利から遠ざかることになるわけですが、牝馬の場合、引退のタイミングはとてもむずかしいと思います。それはオーナーとか調教師の決めることで、ジョッキーが口出しはできません。

ファレノプシスの場合も強い牡馬とあたっていて、ずっと負けてはいましたが、最後の最後にエリザベス女王杯を勝っていきましたから、すごい馬だなと思います。

5歳の最後のエリザベス女王杯のとき、僕はアメリカに遠征していて、ほんとうは乗りに帰りたかったんです。というのもその前の年のエリザベス女王杯で1番人気に

第3回　秋華賞　（ＧⅠ）(混)(牝)

（3歳オープン　定量・芝2000メートル　良）

1	❼⑭ファレノプシス	55	武　豊	2.02.4		436	－2	②	栗東	浜　田
2	❹⑦ナリタルナパーク	55	佐　藤	2.02.6	1½	426	0	⑭	栗東	大久保正
3	❸⑤エアデジャヴー	55	横山典	2.02.7	¾	438	－2	①	美浦	伊藤正
4	❷③エガオヲミセテ	55	四　位	2.02.8	½	448	－6	⑪	栗東	音　無
5	❼⑬バプティスタ	55	岡　部	2.02.9	首	414	－8	⑬	美浦	前　田
6	❶②マルカコマチ	55	福　永	2.03.0	½	416	－4	⑨	栗東	北　橋
7	❹⑧エリモエクセル	55	的　場	2.03.2	1¼	434	＋12	③	栗東	加藤敬
8	❽⑰ナオミシャイン	55	柴田善	2.03.5	2	426	－6	④	美浦	清水利
9	❶①ケイツーパフィ	55	小　野	2.03.7	1	446	－4	⑯	美浦	保　田
10	❽⑯ベストマリー	55	橋本広	2.03.7	首	422	－6	⑱	美浦	保　田
11	❼⑮メガラ	55	古川吉	2.03.8	首	430	＋2	⑰	栗東	田　島
12	❺⑨ビワグッドラック	55	藤　田	2.04.0	1¼	446	＋6	⑦	栗東	松田博
13	❻⑪リワードニンファ	55	後　藤	2.04.0	首	470	－8	⑥	美浦	後　藤
14	❺⑩エリモピュア	55	幸	2.04.1	首	464	－4	⑧	栗東	大　沢
15	❻⑫ダンツプリンセス	55	塩　村	2.04.2	¾	430	＋8	⑫	栗東	山　内
16	❸⑥スギノキューティー	55	河　内	2.04.3	¾	438	＋8	⑤	栗東	浅　見
17	❽⑱スピーディローザー	55	南　井	2.12.5	大	452	－10	⑮	栗東	五十嵐
18	❷④ショウナンハピネス	55	吉　田	2.13.2	4	464	－2	⑩	美浦	大久保洋

単⑭290円複⑭120円⑦940円⑤120円　枠連❹－❼1140円③　馬連⑦－⑭10460円（㉚）　（1998年10月25日、京都）

決め手＝直抜出　前半4ハロン＝49.1（Ｓ）　上がり＝48.1－36.2

ラップ＝12.5－11.4－12.5－12.7－12.8－12.4－11.9－12.1－12.0－12.1

二角④（③⑩）（①⑤⑧⑪⑰）（②⑨⓮）（⑥⑱）（⑦⑫⑬）（⑮⑯）

三角（③④）⑩（⑤⑰⓮）（①⑧）（②⑪）（⑨⑫）（⑥⑬⑱⑯）⑦⑮

四角③（⑩⓮）⑰⑤（②⑧）⑦（④①⑬⑪）（⑨⑯）⑫（⑮⑥）――⑱

推されながら、前が壁になる不利があって脚を余した形で負けていたからです。

　このエリザベス女王杯には自分のお手馬だったフサイチエアデールやトゥザヴィクトリーも出走しているのですが、もし帰れたら僕はファレノプシスに乗ろうと決めていました。

　結局、アメリカのエージェントがＮＯと言って帰ることができなかったのですが、松永幹夫騎手が乗ってラストランを飾りました。すばらしい引退レースでした。


　僕がファレノプシスを強いなと思ったのは、４歳の札幌記念のときです。

　このレースは10頭だてと頭数こそ少なかったのですが、二冠馬のセイウンスカイや菊花賞馬のマチカネフクキタル、同期のオークス馬エリモエクセルらが顔を揃える好メンバーでした。逃げると思われていたセイウンスカイが中団に控え、ダイワカーリアンがレースを引っ張ります。ファレノプシスはポツンと最後方でレースを進めました。ごちゃつくところに入れたくなかったからです。

　後方でじっと脚をためたまま直線まで我慢して、追撃を開始したのは直線に入ってからでした。ファレノプシスはいい脚を使って一頭、一頭とかわしていき、最後にセ

第35回　札幌記念　（GⅡ）㊮

（3歳上オープン　別定・芝2000㍍　良）

1	❸③セイウンスカイ	59	横山典	2.00.1		482	＋8	①	美浦	保　田
2	❼⑧ファレノプシス	55	武　豊	2.00.2	½	440	＋6	②	栗東	浜　田
3	❷②ツクバシンフォニー	56	四　位	2.00.9	4	492	－2	⑧	美浦	伊藤正
4	❻⑥ダイワテキサス	57	蛯　名	2.01.0	首	470	－2	③	美浦	増　沢
5	❹④ダイワカーリアン	56	岡　部	2.01.0	頭	506	－8	⑨	美浦	二ノ宮
6	❽⑨エリモエクセル	55	的　場	2.01.3	2	434	0	④	栗東	加藤敬
7	❶①マチカネフクキタル	58	藤　田	2.01.4	¾	504	－2	⑤	栗東	二　分
8	❽⑩サイレントハンター	58	吉　田	2.01.7	1¾	486	－2	⑦	美浦	大久保洋
9	❺⑤レオリュウホウ	56	勝　浦	2.02.0	1¾	476	－20	⑩	美浦	杉　浦
10	❼⑦ミッドナイトベット	58	河　内	2.02.6	3½	440	0	⑥	栗東	長　浜

単③140円複③110円⑧140円②290円　枠連❸－❼290円①　馬連③－⑧410円①　（1999年8月22日、札幌）
決め手＝4角先　前半4ハロン＝47.7（M）　上がり＝48.0－36.0
ラップ＝12.7－10.9－11.9－12.2－12.2－12.2－12.0－12.0－11.9－12.1
二角④（①⑤）⑩（⑥⑦）－❸②⑨－⑧
三角（④⑤⑩❸）（①⑥⑨②）⑦⑧
四角（④❸）（①⑤⑩⑨②）（⑥⑧）－⑦

イウンスカイだけが前に残りました。さすがに二冠馬だけあってセイウンスカイはしぶとかったですが、ファレノプシスは一完歩ごとに差を詰めていくのです。差せるかと思ったけれど、2分の1馬身差まで追い詰めたところがゴールで2着でした。

このとき、この馬はかなり強いなあと改めて思ったものです。

体は小さいのですが、いつも一生懸命走るし、馬ごみなども平気でスピードがあって、切れ味もあった。頭もよくて、競馬が上手なコでした。

小さい馬というのは馬群で肉弾戦になると弾き飛ばされるから不利だ、なんて言う人もいますが、実際はそんなことはなくて、案外小さい馬のほうが器用に馬ごみを抜けていったりするものなのです。ファレノプシスも体重が430キロくらいの小さな馬でしたが、小さいことを不利に感じたことはなかったです。

ただ、たまにひっかかることがあったので、僕は距離の長いところは本当は向いていなかったのではないかと思っているのです。

まあ牝馬は古馬になると牝馬限定のGIが芝2200メートルのエリザベス女王杯しかなくなるので、けっきょくそれを目指してファレノプシスも長いところを走っていましたが、この馬はたぶんダートとか短いところとかを使えばめちゃめちゃ強かったんじゃないかなと思う。一度ダートの短距離レースに乗ってみたかったですね。

ファレノプシスはレースに行って強い馬でした。

ただこの馬、なぜか印象が薄いのではないでしょうか。それは、自分から主張してくるタイプの馬じゃなかったからかもしれないし、管理する浜田調教師ご自身が控えめな感じの方だったからかもしれません。調教で目立つ動きをするわけでもなく、負けていた期間が長かったせいもあるのではないかと思います。

けれど虚弱体質で貧弱な体なのに、長い間走り続け、桜花賞と秋華賞とエリザベス女王杯を勝つ。こんなことは相当強くないとできませんし、実際にやれた馬は少ないんじゃないかと思います。期待されて配合された血統に負けない強さを見せた名牝です。

第八章
トゥザヴィクトリー
世界も認めた大逃走

トゥザヴィクトリーの血統

牝　鹿毛　1996年2月22日生　早来産　馬主＝金子真人　調教師＝栗東・池江泰郎　生産者＝ノーザンファーム

<table>
<tr><td rowspan="4">*サンデーサイレンス
SUNDAY SILENCE
青鹿毛　1986</td><td rowspan="2">HALO
黒鹿毛　1969</td><td>HAIL TO REASON</td></tr>
<tr><td>COSMAH</td></tr>
<tr><td rowspan="2">WISHING WELL
鹿毛　1975</td><td>UNDERSTANDING</td></tr>
<tr><td>MOUNTAIN FLOWER</td></tr>
<tr><td rowspan="4">*フェアリードール
FAIRY DOLL
栗毛　1991</td><td rowspan="2">NUREYEV
鹿毛　1977</td><td>NORTHERN DANCER</td></tr>
<tr><td>SPECIAL</td></tr>
<tr><td rowspan="2">DREAM DEAL
栗毛　1986</td><td>SHARPEN UP</td></tr>
<tr><td>LIKELY EXCHANGE</td></tr>
</table>

トゥザヴィクトリーの全成績

開催日	場所	レース名	距離回り	重量	騎手	頭数	馬番	人気	着順	タイム	着差	ペース	上り	向	三	四	走り方	体重	着時計	1(2)着馬名
1998.12.13	阪神	指・新馬	1600右良	53	幸	12	1	1	①	1.39.1	½	S	36.4	1	2	1	4角先	494	1.39.2	スピードマニア
1999.1.10	京都	福寿草500混指	2000右良	53	武豊	15	5	2	2	2.02.2	2	S	35.4	2	2	2	先行粘	482	2.01.9	スリリングサンデー
1.30	京都	つばき500混指	2000右良	53	武豊	16	1	1	①	2.02.0	3½	M	35.8	1	1	1	楽逃切	476	2.02.6	タヤスタモツ
3.20	阪神	アネモOP牝指	1400右重	54	武豊	16	15	1	3	1.25.6	3	H	39.0	1	1	1	逃一杯	478	1.25.1	ハギノスプレダー
4.11	阪神	桜花賞牝指	1600右良	55	幸	18	16	5	3	1.35.9	2½	M	36.9	2	2	2	直一先	474	1.35.5	プリモディーネ
5.30	東京	オークス牝指	2400左良	55	武豊	18	6	1	2	2.26.9	鼻	M	35.1	4	4	4	直一先	468	2.26.9	ウメノファイバー
9.26	阪神	ローズS混牝指	2000右良	54	武豊	12	8	1	4	2.01.0	1¼	S	35.9	3	2	2	先一杯	480	2.00.8	ヒシピナクル
10.24	京都	秋華賞混牝指	2000右良	55	武豊	18	5	1	13	2.00.3	6	H	37.9	2	2	2	先一杯	484	1.59.3	ブゼンキャンドル
2000.6.11	東京	エプソムカ混指	1800左不	55	蛯名	15	2	3	5	1.50.1	3¾	H	37.5	3	3	3	先一杯	488	1.49.5	アメリカンボス
7.9	阪神	マーメイ混牝指	2000右良	55	幸	14	7	1	2	1.59.1	1½	M	36.0	1	1	1	逃粘る	484	1.58.9	フサイチエアデール
8.13	札幌	クイーン混牝指	1800右良	55	藤田	13	3	1	①	1.46.8	首	M	35.5	1	1	1	逃切る	482	1.46.9	エイダイクイン
10.15	東京	府中牝馬混牝指	1800左良	55	四位	13	2	1	①	1.48.3	4	S	33.5	1	1	1	楽逃切	484	1.49.0	ハイフレンドコード
11.12	京都	エリザベ牝指国	2200右良	56	四位	17	5	2	4	2.13.4	4	S	34.5	1	1	1	逃一杯	498	2.12.8	ファレノプシス
12.17	阪神	阪神牝馬混牝指	1600右良	55	四位	14	3	3	①	1.33.8	2½	M	35.1	3	3	1	先抜出	494	1.34.2	タイキダイヤ
2001.2.18	東京	フェブラリ混指	ダ1600左良	55	武豊	16	16	4	3	1.35.8	1¼	H	36.6	4	3	1	直一先	486	1.35.6	ノボトゥルー
3.24	UA	ドバイワールド	ダ2000左良	55	武豊	12	13		2	2.00.9	3	S		1	1	1	逃粘る	―	2.00.5	キャプテンスティーヴ
11.11	京都	エリザベ牝指国	2200右良	56	武豊	15	13	4	①	2.11.2	鼻	H	33.9	10	10	10	中鋭伸	496	2.11.2	ローズバド
11.25	東京	ジャパンC指国	2400左良	55	四位	15	5	11	14	2.30.5	大差	S	42.4	9	1	1	追上退	490	2.23.8	ジャングルポケット
12.23	中山	有馬記念混指	2500右良	55	武豊	13	2	6	3	2.33.3	1¼	S	34.8	1	1	1	逃粘る	488	2.33.1	マンハッタンカフェ
2002.2.17	東京	フェブラリ混指	ダ1600左良	55	武豊	16	3	3	4	1.35.5	2	H	36.6	2	2	2	直一先	494	1.35.1	アグネスデジタル
3.23	UA	ドバイワールド	ダ2000左良	55	ペリエ	11	11		11	2.08.3	大差	H		2	2	2	先一杯	―	2.01.8	ストリートクライ

トゥザヴィクトリーは乗るのがとてもむずかしかった馬です。いろいろ考えて乗りました。しかしすごい能力を秘めた馬でした。それだけに乗るのが楽しみだった一頭です。

トゥザヴィクトリーは2歳の12月にデビューしました。乗っていたのは幸英明(みゆき)騎手で、1番人気に応えほぼ逃げ切り勝ちをおさめています。

僕が初めて乗ったのは、2戦目の福寿草特別からです。このときは先行して粘ったのですが負けて2着。3戦目のつばき賞を逃げ切りました。つばき賞は京都の芝2000メートルのレースだったのですが、勝ったときに、この馬はハマッたらオークスはいいなって思ったんです。ポンと逃げることができて、楽にひとり旅ができたらすごく強い。

ハマらないときはほんと、乗りにくい馬でした。とにかくひっかかる馬だから。どんどんムキになる。それで最後は、というか直線に向くと止まってしまうんです。すごく悪いくせでした。ひとり先頭に立って走ればいいのですが、他の馬がいたらもう駄目。いやなのでしょうね。ガーッと行ってしまうんですよ。

それでも走る馬だなあと思いました。調教でもずば抜けていい動きをしていましたからね。それで、桜花賞はフサイチエアデールに乗ったのですが、オークスではトゥザヴィクトリーを選びました。僕が乗ったこの世代の牝馬の中ではいちばんスケールの大きさを感じていたからです。

オークスでは1番人気に推されました。逃げなきゃ無理だろうなと思っていたのですが、オークスではなぜか折り合いがつきました。18頭だての6番枠からスタートして、4番手につけました。ひっかかるいつものくせがこの日はなくて、左回りがよかったのか、すごくいい感じでレースを進められて、直線では先頭に立って他馬を引き離し、完全勝ちパターンに持っていけたのですが、最後に止まってしまいました。ありえないくらいの大ブレーキで、外から追い込んできたウメノファイバーに8センチ負けてしまったのです。

惜しかったですね、オークスは。最後の最後にこの馬の悪いところが出てしまった感じでした。

夏を越して秋になって初戦のローズステークスあたりから、どんどん悪いくせがひどくなりました。ひっかかっていっては止まる。ひっかかっていっては止まる。その繰り返し。なだめるとか、そうじゃないんだよって教えるとかいろいろやったのですが、だめでした。けっきょく秋華賞は13着と惨敗してしまいました。

その後、僕がアメリカへ行ってしまったので、次の年はいろんなジョッキーが乗っています。一度、四位洋文騎手が3番手から行って差して勝ったレースがありますが、やはりみんなひとりでぽんと逃げなきゃうまくいかないと言っていたようです。それでもこの年牝馬限定戦で3勝していますから、やはり強い馬なのだと思いました。

5歳の初戦にダートのGIフェブラリーステークスを使うことになって、僕は久しぶりにトゥザヴィクトリーに乗りました。ダートは初めてだったのですが、僕は調教の動きと血統からダート戦もいいんじゃないかなと思っていました。ひそかに一発狙っていたくらいです。

レースでは思った通りの適性を見せて先行し、直線ではいったん先頭に立ちました。手応えがものすごくよかったのでこのまま粘って勝てると思ったけれど、やはりピタッと止まってしまいました。レース後は、ダート適性を示したとか、よく粘ったとかほめられましたが、手応えからいったら3馬身ぐらい離して勝ってても不思議じゃな

第18回　フェブラリーステークス（ＧⅠ）㊗混　（４歳上オープン　定量・ダート1600㍍　良）

1	❽⑮ノボトゥルー	57	ペリエ	1.35.6		448	0	⑤	栗東	森
2	❸⑥ウイングアロー	57	岡　部	1.35.8	1¼	468	＋8	②	栗東	南　井
3	❽⑯トゥザヴィクトリー	55	武　豊	1.35.8	頭	486	－8	④	栗東	池　江
4	❹⑧サンフォードシチー	57	村　山	1.35.9	¾	472	0	①	栗東	大　沢
5	❺⑨ゴールドティアラ	55	後　藤	1.36.1	¾	456	－2	③	栗東	松田国
6	❶①ファストフレンド	55	蛯　名	1.36.2	¾	496	－4	⑥	美浦	高　市
7	❺⑩タマモストロング	57	横山典	1.36.2	鼻	480	－8	⑫	栗東	佐藤正
8	❸⑤イーグルカフェ	57	田中勝	1.36.3	½	476	－8	⑧	美浦	小島太
9	❷④ビーマイナカヤマ	57	鹿　戸	1.36.4	½	486	－2	⑬	美浦	高　市
10	❹⑦アローセプテンバー	57	張　田	1.36.6	1½	490	＋10	⑨	船橋	岡　林
11	❼⑭プリエミネンス	55	柴田善	1.36.6	頭	470	－4	⑪	美浦	伊藤圭
12	❻⑪ナショナルスパイ	57	佐々竹	1.36.8	1½	528	－5	⑮	大井	高橋三
13	❼⑬ノボジャック	57	江田照	1.36.8	首	456	－16	⑩	栗東	森
14	❻⑫ワールドクリーク	57	的　場	1.37.9	7	486	－14	⑭	栗東	新　井
15	❷③マンボツイスト	57	四　位	1.38.0	首	490	0	⑦	栗東	古　川
16	❶②レイズスズラン	57	北　村	1.39.2	7	510	＋6	⑯	美浦	増　沢

単⑮1040円複⑮330円⑥170円⑯280円　枠連❸－❽840円④　馬連⑥－⑮2130円⑩　（2001年２月18日、東京）
ワイド⑥－⑮920円⑩　⑮－⑯1330円⑯　⑥－⑯920円⑨
決め手＝直一気　前半４ﾊﾛﾝ＝47.1（Ｈ）　上がり＝48.5－36.5
ラップ＝12.7－10.9－11.5－12.0－12.0－12.1－11.9－12.5
二角（②⑬）⑦（③⑯）（④⑪⑭）（⑧⓯）（①⑩⑫）⑥⑨⑤
三角（②⑬）（⑦⑯）－（③⑭）（⑪④⓯）（①⑧）⑫（⑥⑩）⑨⑤
四角（②⑬⑯）⑦（③⑭）（⑪④⓯）（①⑧）⑥（⑤⑩）⑨⑫

かったのです。

フェブラリーステークスの後、トゥザヴィクトリーは同じ厩舎のステイゴールドと一緒にドバイに遠征することが予定されていました。

ドバイでは最初ゴドルフィンマイルに出走することになっていたのですが、ウイングアロ－が熱を出して出走回避したため、オーナーサイドが事務局と直接交渉をして、ドバイワールドカップに出ることになりました。ドバイは砂漠の国アラブ首長国連邦、UAEの中の首長国のひとつです。この国の皇太子モハメド殿下がとても競馬がお好きで、欧米で馬を所有生産するだけでは飽き足らず、砂漠の中に競馬場を造ってしまいました。そこで毎年3月に競馬のワールドカップを開催するのです。このレースには世界各国から馬が集まってきます。いろいろな距離部門があるのですが、メインはダート2000メートルのドバイワールドカップです。トゥザヴィクトリーが出ることになったのは、このメインの世界の強豪が集まるレースでした。

砂漠の国なので昼間は暑いですから、レースは夜、ナイターで行われます。メインレースはプログラムの最後に組まれていました。

フェブラリーステークスの経験から、やはりなだめてなだめていっても最後は止まってしまう、というくせが解消されていないのがわかっていたので、ワールドカップでは、絶対先手を取りにいこうと心に決めていました。それに、あの日は最初のレースからずっとダート戦は前残りばっかりで決着していましたから、どんどんその決心は固まっていきました。メンバーの資料を見て、ハナを切って行く馬が日本のレギュラーメンバーだけだということもわかっていました。

レースは1頭取り消して12頭だて。トゥザヴィクトリーは5番枠からスタートで、レギュラーメンバーは6番枠だったので、僕のほうが内だしスピードはあるなと思いながらスタートして、逃げる構えを見せたら、レギュラーメンバーの松永幹夫騎手がすっと抑えてくれた。それでハナを切れました。

ひとりでポンと先頭に立ったら、ものすごく折り合いがついていけました。というのも、初めての場所で初めてのナイター競馬だったので、馬が躊躇しながら走ってくれたのです。加減しながら、大丈夫かな大丈夫かな、でも一生懸命走りたい、っていう感じで、初めて僕のことをすごく頼ってくれて、これはいいやって思いましたね。ほんとは暴走したいくせにちょっとビビッてできない。すごくいいペースでそのうちリラックスしてきて、しめしめ、これはひょっとしたら行けるかもしれないと思いました。この馬の走る時のパターンだったからです。ひとりで逃げると集中できるんです。

いつもなら、逃げているときは後ろを振り向いたり股の間から後ろをのぞいたりして、どのくらいのところに後続がついてるかを見ながら走るわけですが、ナイターでしたから、上から照明が当たっていて影ができるんで、すごくよかったです。自分の馬の影を見て、2馬身ぐらい先に頭の影があるから、それから類推しながら後ろの馬の影を見ると、ああ今どのくらいあいてるというのがすごくよくわかるわけ。それで同じ間隔でライトがあって、走っていると影がスーッと後ろへ後ろへ流れていくんです。それがとてもおもしろくて、トゥザヴィクトリーは気分よく走っているし、僕も気分よく乗れてけっこう楽しみながらレースをしていました。

なんだかワクワクしましたね。4コーナーも先頭で回って、あの長い直線の半ばくらいまで先頭でしたから、勝てるんじゃないかと思いました。さすがにキャプテンスティーヴには抜かれましたが、抜かれてからもがんばりました。あとの馬には抜かせなかった。トゥザヴィクトリーが力を出したときは、相手が牡だろうが平気なんです。

結果は2着。みんな大騒ぎですごく喜んでくれて、僕もうれしかったです。それま

第6回　ドバイワールドカップ（GⅠ）

（2001年3月24日、ドバイ・ナドアルシバ　4歳上　定量　ダート2000㍍）

着順	馬番	枠順	馬名	性齢	生産	調教	重量	騎手	タイム着差
1	❺	⑪	キャプテンスティーヴ	牡4	米	米	57	Jベイリー	2.00.47
2	⓭	⑤	トゥザヴィクトリー	牝5	日	日	55	武　豊	3
3	❽	⑧	ハイトーリ	牡4	仏	仏	55	G・モッセ	½
4	⓬	⑨	ステートシント	牡5	米	D	57	T・ダーカン	短頭
5	⓫	⑫	セイミ	牡5	亜	サ	57	C・マッキャロン	1½
6	❶	④	アプティチュード	牡4	米	米	57	G・スティーヴンス	1
7	❼	③	エクラー	牡4	米	D	57	R・ヒルズ	1¾
8	❸	⑩	ベストオブザベスツ	牡4	愛	D	57	L・デットーリ	4
9	❿	⑥	レギュラーメンバー	牡4	日	日	57	松永幹夫	鼻
10	❹	②	ブローシュ	牡4	米	D	57	D・フローレス	頭
11	❷	⑦	アリストトル	牡4	愛	シ	57	J・セイミー	6
12	❻	①	アーリーウォーニング	牡6	米	サ	57	S・マドリッド	2
消	❾	ー	キングサルサ	牡5	米	仏	57	O・ペリエ	ー

でドバイワールドカップに出走した日本馬は、いつも先頭から大きく離されていましたから。けれど、少し時間が経つと2着が悔しくなってくるわけです。もうちょっとで勝てたのにとか、もしキャプテンスティーヴが出ていなかったらとか考えてしまって。やはり1着と2着の差は大きいです。

人気は全然なかったのですが、トゥザヴィクトリーはもしもハマればものすごく走っちゃう馬じゃないですか。僕、そういう馬で大きいレースに出るときはワクワクしちゃうんです。いくらがんばってもソコソコは確実に来るだろうけれど、この馬で勝つのはちょっと無理だな、という馬で出るよりも、もうどんじり負けもあるだろうけれどハマればわからないっていう馬のほうがおもしろい。

この年の有馬記念でも勝ちかけて、結果は3着でした。ふつう有馬記念で牝馬に乗ったら勝てないのが常識だから頼まれてもそれほどうれしくはないけれど、トゥザヴィクトリーは、いや全然いいですよ、乗りますよ、って引き受けました。それはひょっとしたらがあるからなんです。ほんとに乗っていておもしろい馬でしたね。

ドバイから戻ってきて、7カ月くらい休養して、秋にぶっつけでエリザベス女王杯に出ることになりました。トゥザヴィクトリーも5歳。たぶん最後の牝馬限定GI戦になるだろうと言われていましたから、どうしても勝たせたいと思いました。珍しく、インタビューでも勝たせたいとはっきり言いました。

それはGIをとれる馬なのに、まだひとつもとっていなかったからです。僕はトゥザヴィクトリーの強さを知っているのだけれど、結果が出ていないからその強さがなかなか認めてもらえなくてかわいそうだという気持ちがあったのです。

けれどなんせドバイ以来、7カ月ぶりのレースでしたし、その日にならないとこの馬の気分もわからないので、自信がすごくあったわけではありません。それに3歳世代が強いと評判でしたから。ただなんとか勝たせたかったので、ゲートに入るときもまだ、どうしようか、どう出ようか、と最後まで迷っていました。ヤマカツスズランとかスピードのある馬が出ていましたしね、かといって抑えるのは賭けですし。抑えようとして抑えられなかったら最悪になるのです。四位騎手の乗ったジャパンカップがそうだった。スタートして抑えたら2コーナー過ぎでちょっとしたことで暴走し始めて、もうそうなったら誰にも止められませんからね。最後はバタバタで上がり3ハロン42秒4というありえない最悪パターンになってしまったレースです。へたすると同じことになるというのはよくわかっていますから。

ゲートを出た感じで決めようと思ってスタートしました。15頭だての13番枠で、4番人気でした。スタートしてみたらなぜかはわからないけれどオークスの日と同じように折り合いがついたので、抑えました。中団よりやや後ろで、他の馬とは関係なく外を追走しました。ハイペースでひっかかることもなく、ものすごく素直に言うことをきいてくれて、直線で外に持ち出すとすごい勢いで伸びて、先頭集団にとりつき鼻差で優勝をもぎ取りました。写真判定で4頭が並ぶ大接戦だったのですが、やはり強かった。

この勝利はなんだかほんとうにうれしかったです。ようやくトゥザヴィクトリーにGIをとらせることができてほっとしました。しかしワーッと抜いて先頭に立って、最後はやっぱりブレーキをかけていましたから、まったく何を考えているんだか。おもしろい馬です。

この後、トゥザヴィクトリーは翌年6歳でもう一度ドバイワールドカップに挑戦して現役を引退しました。最後までジョッキーの思い通りには走らない根性の持ち主でした。

しかし現役時代の戦績を見てみると掲示板を外したのはほんの数回だけで、結果的

エリザベス女王杯
優勝騎手

第26回　エリザベス女王杯　（ＧＩ）㊘㊩

（3歳上オープン　定量・芝2200㍍　良）

1	❼⑬トゥザヴィクトリー	56	武　豊	2.11.2		496		④	栗東	池　江
2	❷②ローズバド	54	横山典	2.11.2	鼻	420	－2	②	栗東	橋　口
3	❹⑦ティコティコタック	56	武　幸	2.11.2	鼻	438	＋4	⑤	栗東	松田正
4	❻⑪レディパステル	54	蛯　名	2.11.2	首	452	＋6	③	美浦	田中清
5	❶①テイエムオーシャン	54	本　田	2.11.3	首	446	＋4	①	栗東	西　浦
6	❺⑧カリスマサンオペラ	56	幸	2.11.5	1¼	468	＋2	⑬	栗東	崎　山
7	❽⑭タフネススター	56	松　本	2.11.7	1¼	456	0	⑧	栗東	藤岡範
8	❹⑥メジロサンドラ	56	熊　沢	2.11.7	首	466	0	⑨	栗東	池　江
9	❺⑨マルカキャンディ	56	福　永	2.12.1	2½	478	－6	⑦	栗東	北　橋
10	❼⑫ポイントフラッグ	54	須　貝	2.12.3	1½	524	＋14	⑭	栗東	須　貝
11	❽⑮ヤマカツスズラン	56	池　添	2.12.7	2½	496	－2	⑩	栗東	池　添
12	❻⑩スリーローマン	56	四　位	2.12.8	¾	456	＋6	⑪	栗東	武　宏
13	❷③スプリングチケット	56	角　田	2.13.1	1¾	448	＋4	⑥	栗東	鶴　留
14	❸⑤タイキポーラ	56	松永幹	2.13.6	3	486	＋2	⑫	栗東	松元茂
15	❸④マイニングレディ	54	小林徹	2.14.3	4	474	＋16	⑮	栗東	目　野

単⑬590円複⑬240円②190円⑦280円　枠連❷－❼1280円⑦　馬連②－⑬2050円⑦　（2001年11月11日、京都）
ワイド②―⑬830円⑧　⑦－⑬1070円⑫　②－⑦940円⑩
決め手＝中鋭伸　前半4ハロン＝46.9（H）　上がり＝48.4－36.3
ラップ＝12.3－10.9－12.0－11.7－11.6－12.0－12.3－12.1－12.3－12.0－12.0
二角⑮⑤－①－（③⑫）－⑥④⑦⑪⓭（⑧⑨⑭）（②⑩）
三角⑮⑤―――①⑫－③（④⑥）－⑦⑪⓭（⑧⑭）⑨（②⑩）
四角⑮⑤――①⑫－（③⑥）④（⑪⑦）⓭⑧⑭（②⑨）⑩

にはとても安定した成績を残しているのに驚きます。ジョッキーを困らせながらも、高い能力で自分の激しい気性を補って、そこそこの結果を出し続けていたのだから、すごいものです。もう少し気性がおっとりしていたら、これ以上の成績を出したのではないかと思う反面、あの諸刃（もろは）の刃（やいば）のような強烈な気性が、闘争心を支えていたのかもしれないとも思うのです。とにかく、個性的な名牝という意味では、1番に名前が挙がるのがトゥザヴィクトリーではないでしょうか。他の馬とはまったく違う意味で、乗るのがおもしろかった馬ですね。

おわりに

ジョッキーになりたてのころ、僕はさして牝馬と牡馬とを乗り分けていたわけではありません。だんだん乗っているうちに、僕なりにいろいろ発見があり、牝馬に対する考え方がかたまってきたようです。

実際に牝馬に乗るときに気をつけるようにもなりました。

たとえばムチ。個々の違いはありますが相対的に牝馬は牡馬より繊細な馬が多いから、ムチを入れるにしても牡馬に比べるとやさしく、ソフトタッチにします。できれば使わないようにしたい。

人間もそうですよね。お尻を叩かれたとしたら、女の人のほうがきゃっとか言って大きく反応します。それと同じ。ちょっと肩ムチ入れただけでパッと反応するのは牝馬のほうが多いのです。この本で紹介したトゥザヴィクトリーなんてほんとにちょっとしたことでロケットダッシュで行ってしまうし、シーキングザパールにしてもちょっとこっちがいらないことをしたらドーンと行ってしまう。

そういうことは多くの牝馬に乗って経験から学んでいったことです。もうひとつ、乗り方ではなく考え方として、牝馬の目標は桜花賞かオークスだと思っているので、新馬戦から乗るときに、このコはどっちのタイプかなと考えるようになりました。

桜花賞タイプなのか、オークスタイプなのか、それとも両方いけそうか、血統も含めてそういうのは頭に入れておくようにしています。

牝馬はまず桜花賞かオークスをとればいい。僕はそう考えるので、自分で試しながら、次このレース行きましょう、などと意見を言わせてもらったりして乗っています。

最近では乗ったことのある牝馬が引退してお母さんになり、その子供に乗るという機会が多くなりました。おもしろいものです。日本で乗った馬だけでなく、外国で乗った馬の子供が日本でデビューすることもあります。背にまたがると、そこから見る感じが、似ているな、とか、全然違うな、とか、けっこう覚えている。それがまた騎乗に生かせればいいですね。

一般に牝馬は牡馬より弱いと言われていますが、ヨーロッパなどでは数年に一頭くらい牡馬にも負けないようなめちゃくちゃ強い牝馬が出てきています。ダービーを勝ったり凱旋門賞を勝ったり年度代表馬になったりするような。

日本でもきっとそのうちそういう馬が出るようになると期待していますし、ぜひそういう馬に乗ってみたいと思っています。まだまだ牝馬の可能性は限りない。それだけに楽しみです。

競馬用語集

＊上がり　レースや調教でゴールから逆算した距離で、多くの場合は3ハロンを指す。上がり3ハロンといえばゴールから約600メートルのこと。
＊脚を使う　走ること。ときには余分に走ることをいう。
＊脚を余す　全力を出し切らないままにレースを終わってしまうこと。
＊一完歩　馬は走るとき四肢を右後肢→左後肢→右前肢→左前肢の順で動かす。この単位を完歩という。1完歩で約7〜8メートル進む。
＊いれ込む　馬が興奮すること。落ち着きがなく、激しく発汗したり、口から泡をふいたりする。余計に体力を消耗していることが多い。
＊馬なり　レースや調教でムチを使ったり手綱をしごいたりせずに馬の走る気にまかせること。
＊エリザベス女王杯　11月に行われる牝馬限定のGⅠ。京都競馬場の芝2200メートルで争われる。3歳以上の牝馬が出走でき、外国産馬にも出走権がある。古馬にとっては唯一の牝馬限定のGⅠ。
＊追い切り　レースに出走する週（あるいは一週前）の強い調教のこと。
＊追い込み　レース前半は後方にいてゴール前の直線で一気に勝負をかける脚質。
＊桜花賞　3歳牝馬限定のGⅠでクラシックレースの第一弾。4月に桜咲く阪神競馬場の芝1600メートルで争われる。
＊大外　コースの一番外側。日本ではスタンドに近いほうが外側。
＊オークス　3歳牝馬限定のGⅠでクラシックレースの第二弾。5月に東

京競馬場の芝２４００メートルで争われる。

＊オグリキャップ　昭和62年から地方競馬の笠松で活躍した後、昭和63年中央競馬に移籍し、圧倒的な強さで国民的アイドルホースとなった芦毛の名馬。生涯成績は地方・中央合わせて20戦12勝2着4回。武豊騎手は2回騎乗。1回目はオグリキャップが最も強いレースをしたといわれる5歳時の安田記念、その後脚部不安に見舞われ、すでに燃え尽きた馬と思われていたオグリキャップの現役最後となった有馬記念に再び騎乗し、奇跡の復活優勝に導いた。日本中の競馬ファンを泣かせた感動的な伝説のレースである。

＊お手馬　ある騎手がつねにレースや調教で乗り続けている馬。

＊重→馬場状態

＊折り合い　騎手と馬の呼吸が合っているかどうかをいう。「折り合いがつく」といえば両者の呼吸が合って騎手が気分よく馬を走らせている状態。

＊返し馬　パドックから馬場へ入場してきた馬が行う足馴らし。レース前のウォーミングアップ。

＊かかる→ひっかかる

＊かかり気味　ひっかかり気味であること。騎手が抑えようとするのに、馬が前へ前へと行こうとする傾向にあること。

＊かわす　抜くこと。

＊決め手　レースに勝つ切り札となる脚質。逃げ馬ならスタートダッシュが速くて粘りがあり、差し馬なら最後の追い込みの脚がひときわ速くて鋭いこと。

＊球節炎　蹄の上の関節を球節といい、この部分に炎症を起こす疾病を総称して球節炎という。球節は地面からの衝撃を和らげる働きをするので、骨の障害、腱、靭帯の炎症などが起きやすい。

＊切れ味　最後の直線で速くて鋭い追い込みができること。その力。

＊クラシックレース　桜花賞、皐月賞、オークス、ダービー、菊花賞を指す。すべて3歳限定戦。このうち桜花賞、オークスは牝馬限定戦だが、牝馬は皐月賞、ダービー、菊花賞に出走することができる。

＊最内　内ラチ沿いの位置。一番内側。日本のコースではスタンドから遠いほうのラチ沿いを指す。

＊差す／差し返す　ゴール前で先行馬を後ろから追い抜くこと／追い抜かれた馬が追い抜いた馬をもう一度抜き返すこと。

＊挫石　石などの硬いものを踏んだり、後肢の蹄を前肢の蹄底に当てたりしたときに、蹄底に起きる炎症。蹄に熱を持ってまともに歩けなくなる。

＊産駒　種牡馬と繁殖牝馬の間に生まれた二代目の馬（こども）のこと。種牡馬は複数の繁殖牝馬に種付けするので、生まれた同世代の産駒も複数いることになる。

＊GⅠ／GⅡ／GⅢ　レースはグレード制をとりそれぞれのレースが格付けされているが、なかでもグレード1にあたる最高ランク格付けのレースをGⅠ（グレードワンの略記でジーワン）という。現在日本の中央競馬にはGⅠレースが21レースある。GⅠの次に格付けが高いのがGⅡ（ジーツー）で、その下がGⅢ（ジースリー）。GⅠ、Ⅱ、Ⅲをまとめて重賞という。

＊社台ファーム　日本を代表し、世界的にも有名な吉田ファミリーの経営する競走馬の生産牧場。優れた種牡馬を多く所有し、多くの名馬を生み出し、進んだ方法で育成も手がけ、オーナーとしても活躍している。

＊秋華賞　10月に行われる3歳牝馬限定のGⅠ。クラシックレースには数えられていないが牝馬三冠レースの最終戦である。京都競馬場の芝２０００メートルで争われる。外国産馬も出走できる。

＊ソエ　管骨骨膜炎の俗称。向こう脛ともいう。骨が完成する前の2歳馬が、競馬に向けた強いトレーニングを開始すると発症することが多く痛みを伴う。

＊外ラチ→ラチ

＊ソラを使う　馬がレースや調教でふとしたことに気を取られ、走ることに集中しなくなること。

＊ターフ　芝コースのこと。競馬場全体を指すこともある。

＊ダート　砂コースのこと。

＊ダート適性　ダートレースに向いていること。ダートレースでは芝コースより馬力が必要とされる。

＊叩き合う　ゴール前で各馬の騎手がムチを入れラストスパートをかけ合うこと。実際にムチを使わなくても、その緊迫した状況を言う場合もある。

＊単枠指定　断然人気になると思われる馬を他馬と同居させず、1頭だけで枠（単枠）に入れること。枠番連勝しか発売されていなかった時代の制度で、馬番連勝馬券発売と同時に廃止された。

＊地方競馬　昭和23年に制定された競馬法に基づき、都道府県または指定市町村によってそれぞれ施行されている。平地、ばんえい競馬をふくめ、競馬場は全国に約30場。

＊着差　ゴールインしたときの差を馬体を使った言葉で表したもの。差が馬の鼻以下であれば鼻差、頭以下鼻以上の場合は頭差、首以下頭以上の場合は首差、鼻先から尾の付け根までの差を1馬身としている。なおゴールは馬の頭の一番先が決勝線に届いた瞬間をいう。

＊中央競馬　農水省の監督下に置かれた特殊法人日本中央競馬会（ＪＲＡ）が主催・運営する競馬。原則として土日に開催され、全国に10の競馬場がある。

＊中団　レース中の位置取りで、ちょうど全馬の真ん中あたりを指す。

＊蹄鉄　馬の蹄に打ち付ける鉄板。蹄の保護と競走能力の向上を目的とする。形状は用途、個体差によって様々で1頭ずつが違う蹄鉄を履いている。競走馬のスパイク。

＊トモ　後ろ脚のこと。

＊トライアルレース　各クラシックレースや秋華賞などの前に行われ、上位入線馬に本番への優先出走権が与えられるレース。何着までに入ればよいかはレースによって違う。

＊トレセン　JRAの競走馬のトレーニングセンターを略して通称トレセンという。トレセンには茨城県の美浦(みほ)トレーニング・センターと滋賀県の栗東(りっとう)トレーニング・センターがあり、厩舎、調教施設、馬の医療機関、厩舎関係者の住宅などが一箇所に集められた大規模総合施設となっている。

＊熱発　発熱のこと。

＊バタバタになる　レースの最終場面で力つきてスピードが鈍ること。

＊初仔　繁殖牝馬が初めて産んだ産駒。

＊パドック　レースに出走する馬が、厩務員にひかれて周回し、ファンに当日の状態を披露する場所。最後には騎手が騎乗して一周してから馬場に向かうことになっている。

＊鼻差→着差

＊ハナに立つ　先頭に立つこと。ハナは先頭の意味。

＊馬場状態　馬場は含水量によって4つの状態に分けられている。水気を含まない一番いい馬場を「良」、少し水分を含んだ状態は「稍重(やや)」、雨に濡れて芝コースにはっきりと蹄跡がつき泥が上がるような状態を「重」、水溜りができるほど含水量が多い場合は「不良」。芝コースの場合は良馬場が一番スピードが出るが、ダートコースでは稍重程度の馬場のほうがスピードが出る。

＊ハミをとる（とらない）　ハミは馬にくわえさせる棒状の金具で、この両端に手綱を取り付けて

乗り手の意思を馬に伝えることができる。「ハミをとる」というのはハミをきちんとくわえ込んでいることで、馬が走る気になった状態でもある。反対に「ハミをとらない」と騎手の意思が伝わらず、うまく走れない。

＊バレット　競馬の開催日に現場で騎手のクラや帽色の用意、馬具の手入れを行い、騎手がレースに集中できるように補佐する人。

＊ハロン　和製英語で正しくはｆｕｒｌｏｎｇ（ファロン）。１ハロンは8分の1マイルで約２００メートル。したがって１マイルは約１６００メートル。

＊ひっかかる　騎手が抑えようとするのに馬が前へ前へと行きたがる状態。かかる、折り合いがつかないともいう。

＊本馬場　本番のレースをするコース。

＊メンコ　覆面のこと。耳を覆って雑音を聞こえにくくしたり、斜眼革という視界を狭くするためのメガネのようなものを固定するためにつける。単なるファッションでつけることもある。

＊稍重→馬場状態

＊良→馬場状態

＊落鉄　蹄鉄がはずれ落ちること。

＊ラチ　コースの内側と外側の柵のこと。スタンドに近い側を外ラチ。反対側を内ラチという。

＊輪乗り　レース直前、ゲートの後方に集合した馬が枠入りの合図がかかるまで輪を描くように歩きながら待機すること。

牝馬クラシックレースの流れ

2歳6月　新馬戦始まる

勝ち上がる→500万下→勝ち上がる ↘ 負ける→未勝利戦→勝ち上がる ↗	オープン戦・重賞（GⅢ・Ⅱ・Ⅰ）

8月～10月　GⅢ函館・新潟・小倉・札幌2歳ステークス（牡牝混合）
11月　GⅢファンタジーステークス
12月GⅠ阪神ジュベナイルフィリーズ
GⅢフェアリーステークス
3歳2月　GⅢクイーンカップ
3月　OPアネモネステークス(桜花賞トライアル・2着までに出走権)
GⅢチューリップ賞（桜花賞トライアル・3着までに出走権）
GⅡフィリーズレヴュー(桜花賞トライアル・3着までに出走権)
GⅢフラワーカップ
4月GⅠ桜花賞（牝馬三冠第1弾・4着までにオークス出走権）
GⅡニュージーランドトロフィー
(NHKマイルカップトライアル・3着までに出走権・外国産馬出走可)
GⅡフローラステークス(オークストライアル・3着までに出走権)
5月　OPスイートピーステークス(オークストライアル・2着までに出走権)
GⅠNHKマイルカップ（外国産馬出走可）
GⅠオークス（牝馬三冠第2弾）
8月　GⅢマーメイドステークス（3歳以上古馬）
GⅡクイーンステークス
9月　GⅡローズステークス（秋華賞トライアル・2着まで出走権）
OP紫苑ステークス（秋華賞トライアル・2着まで出走権）
10月GⅠ秋華賞（牝馬三冠第3弾）
GⅢ府中牝馬ステークス（3歳以上古馬）
11月GⅠエリザベス女王杯（3歳以上古馬）
12月　GⅡ阪神牝馬ステークス（3歳以上古馬）
4歳以上
2月　GⅢ京都牝馬ステークス
4月　GⅢ中山牝馬ステークス
⋮
11月GⅠエリザベス女王杯

武豊
ＪＲＡ騎手。

1969年３月15日生まれ。滋賀県出身。

1987年３月１日、アグネスディクターで初騎乗。３月７日、ダイナビショップで初勝利。

1988年スーパークリークで初ＧＩ勝利（菊花賞）、1994年スキーパラダイスでＪＲＡ日本人騎手として海外ＧＩ初勝利（仏ムーラン・ド・ロンシャン賞）、1995年史上最速・最年少（26歳４カ月）で通算1000勝達成、2002年タニノギムレットで史上初の日本ダービー３勝目、史上最速・最年少で通算2000勝達成、12月８日ＪＲＡ新記録（世界タイ記録）の１日８勝をマーク。ＪＲＡ通算勝利2202勝（2003年９月14日現在）。


ターフの女王（じょおう）——最強牝馬（さいきょうひんば）コレクション

2003年10月30日　第１刷発行

著　者　武豊（たけゆたか）
発行者　矢坂美紀子
発行所　朝日新聞社
〒104-8011　東京都中央区築地5-3-2
電話　03-3545-0131（代表）
編集・文芸編集部　販売・出版販売部
振替　00190-0-155414
印刷所　図書印刷

ISBN4-02-257872-6
定価はカバーに表示してあります